《徽州故事》编委会

名誉主任：任泽锋　孔晓宏
主　任：路海燕　陆　群
成　员：杨永生　汪大白　蒋红卫　刘才林
　　　　蒋凌将　黄建敏　吴清健

《徽州故事》编写组

主　编：杨永生　汪大白
成　员：翟屯建　陈平民　方利山　毕民智
　　　　吴兆民　方光禄　郝延红　田民和
　　　　朱宝清　李　云　胡　灵　倪姝娜
　　　　施兰萍　吴艳琼

徽州故事

中共黄山市委宣传部
黄山市社会科学界联合会 编

中国科学技术大学出版社

图书在版编目(CIP)数据

徽州故事/中共黄山市委宣传部,黄山市社会科学界联合会编.—合肥:中国科学技术大学出版社,2017.6(2017.7重印)

ISBN 978-7-312-04241-6

Ⅰ.徽… Ⅱ.①中…②黄… Ⅲ.徽州地区—地方史—通俗读物 Ⅳ.K295.4-49

中国版本图书馆CIP数据核字(2017)第131896号

出版 中国科学技术大学出版社
　　　安徽省合肥市金寨路96号,230026
　　　http://press.ustc.edu.cn
　　　https://zgkxjsdxcbs.tmall.com
印刷 合肥市宏基印刷有限公司
发行 中国科学技术大学出版社
经销 全国新华书店
开本 710 mm×1000 mm　1/16
印张 16
字数 218千
版次 2017年6月第1版
印次 2017年7月第2次印刷
定价 46.00元

前　言

中华优秀传统文化是中华民族的生存之本、精神之魂，积淀着中华民族几千年来的精神追求，代表着中华民族独特的精神标志，为中华民族生生不息、发展壮大提供了丰厚滋养。习近平总书记谆谆教导我们："要认真汲取中华优秀传统文化的思想精华和道德精髓，大力弘扬以爱国主义为核心的民族精神和以改革创新为核心的时代精神，深入挖掘和阐发中华优秀传统文化中讲仁爱、重民本、守诚信、崇正义、尚和合、求大同的时代价值，使中华优秀传统文化成为涵养社会主义核心价值观的重要源泉。"

中华优秀传统文化在历史悠久、山川秀丽的徽州地区积淀成为源远流长、灿烂辉煌的徽州文化。徽州文化不但具有地方文化的典型品格，而且远远超越了徽州建置的时空界限，成为中华民族传统文化的一部袖珍版经典、一个精致型标本，集中而鲜明地体现了中华民族传统文化的核心价值和基本内涵。众所周知，随着中国改革开放的深入发展，徽州文化的历史成就及其现代价值，日益广泛地引起海内外学术界、文化界的高度关注，徽州文化的学术研究业已成为影响广远、举世瞩目的热门显学。

人杰地灵、载誉史册的古徽州，前人视为"程朱阙里""道学渊源"，久负"东南邹鲁""礼仪之邦"之盛名。回望千百年来，世世代代的徽州人，始终信守着天人合一、道法自然的生态理念，创造了物我和谐、宜室宜家的传统村落典范、人居文化大观；始终执着于敬祖睦族、孝悌友善的伦理道德，实现了徽州宗族的兴旺发达和乡风民俗的古朴淳良；他们尚文重教、诗书传家，借助于历代的科举仕途，终将徽州打造成为"儒风独茂"的"人文渊薮"；他们"贾而好儒""守义取利",不仅谱写了"雄视江左"的财富传奇,而且使"诚信致远"的徽商精神风靡天下;他们扶危济困、乐善好施,推动了利国利民的公益事业;他们保家卫国、心怀天下,彰显出志士仁人的浩然正气;他们矢志闻道、求真求是、与时俱进、敢为人先,常常能得历史之机运,开时代之新风,朱熹、戴震、胡适、陶行知便是其中杰出的代表人物。

自古以来,徽州人一直对中华优秀传统文化有着高度的认同感和归属感,时至今日,徽州人同样对中华民族的伟大复兴有着崇高的责任感和使命感。同时我们看到,"无所不备""博大精深"的徽州文化,蕴藏着极其丰富的思想资源,蕴藏着无比强大的精神能量。现在呈现于读者面前的这本《徽州故事》,其编写宗旨就在于发掘和利用徽州文化弥足珍贵的历史遗产,为宣传和树立社会主义核心价值观奠定更加坚实的文化基础,为培育和弘扬社会主义核心价值观增添一份重要的价值支撑和精神涵养。

《徽州故事》凝聚了黄山市社会科学界专家学者的智慧,他们通过广泛搜集史实资料,进行分析论证,从爱国、敬业、诚信、友善四个方面精心选取100篇历史故事进行认真编写,尽量采用通俗易懂、喜闻乐见的表述方式,力求将社会主义核心价值观的宣讲和传播紧密贴近民众的生活和情感世界,以期使广大读者从中受到精神上的感染,达到思想上的认同,增强践行中的自觉,从而在实现"中国梦"的伟大征程中,既无愧前贤,又不负来者,成功创造出属于我们这一代人的辉煌业绩。

弘扬徽州文化,服务追梦事业,《徽州故事》作了一次积极的探索和有益的尝试,希望这一探索和尝试能够得到社会的关注和读者的欢迎。

编委会

2017年3月12日

目　　录

前言 ··· i

爱　国　篇

导言 ··· 3
保家卫国的新安战将 ··· 5
归顺大唐的爱国情怀 ··· 7
忠烈报国的凌唐佐 ··· 10
囚禁十六年始终不辱使节 ·· 12
对抗秦桧的忠勇之士 ·· 15
忠义门第无私报国 ··· 17
抗葡卫国的屯门大捷 ·· 19
重铸铁像昭后人 ·· 22
一块"忠谏流芳"的牌匾 ··· 24
抗倭平患的第一功臣 ·· 27
忠勇孝义的奇女子 ··· 30
抗清殉难的英雄金声 ·· 32
从师殉国的书生意气 ·· 35
慷慨捐输的鲍漱芳 ··· 37
为国争光的铁路之父 ·· 40
志在救国三人行 ·· 43
同盟会中的程家柽 ··· 45
"五四"的导火线由他点燃 ··· 47
策划"三·一八"运动的徽州人 ··· 49
"为了中国而死的中国的青年" ··· 52
为抗战高歌的音乐家 ·· 54

孤悬敌区的地下党员	57
跨越五大洲的呐喊	59
新四军从岩寺出征	61
新四军的"义务兵站"	64

敬 业 篇

导言	69
朱熹为官深爱民	71
祖孙几代专于一事	73
岩寺有个"舔破哥"	75
发愤学艺称国手	77
吴崐拜师七十二	79
程大位的四十年	81
壮心不已的徽州商人	83
奋力遂志终遂志	85
仁心济世的新安名医	87
勤勉尽职的许国老	89
"张大隆"与"张小泉"	91
知县赵吉士造福百姓	93
乾隆为何青睐汪由敦	95
"徽骆驼"的小故事	97
恪尽职守的王茂荫	99
戴震治学终身不息	102
每天夜读一灯油的人	104
执教哈佛传播中华文化	106
"叶"茂源于根深	109
一犁到塝不回头	111
青城坐雨和瞿塘夜游	114
活灵活现的"抗战夫人"	116
才女从小就认真	118
徽州近代教育的开拓者	120
中国农学界的第一位女教授	123

诚 信 篇

导言	127
方储惜名不惜命	129
千里负骨又还金	131
"还金亭"上故事多	133
还金之义贵于金	135
"寄信割驴草"之冤	137
"还金"引出"还金"来	140
平生不愿作伪的父子	142
诚信起家家业旺	144
"江公道"的公道	146
诚信经商的舒遵刚	149
卖真卖假见人心	151
历经半个世纪的婚约	153
不顾搜捕守信义	155
忠诚护主的徽州义仆	157
"戒欺"牌匾传万世	160
同德仁宰鹿布信	162
信誉牌匾不可卖	164
完成无人知晓之嘱托	166
怀诚守信生意经	168
见利千万莫忘义	170
诚信贸易"一"字即成	172
"信誉单"诚招天下客	174
茶叶大王的经营之道	176
"宁为真白丁,不做假秀才"	178
一枚红色印章的重托	180

友 善 篇

导言	185

白鹇如锦寄友情 …………………………………… 187
百世奉祀盛德之人 ………………………………… 190
侠肝义胆胡三公 …………………………………… 192
许氏兄弟孝悌传家 ………………………………… 195
浙岭头上堆婆冢 …………………………………… 197
一生友善享誉乡里 ………………………………… 200
与人为善的州官查道 ……………………………… 202
辉映日月的慈孝里坊 ……………………………… 204
捐地改葬报恩师 …………………………………… 207
耆民担保父母官 …………………………………… 209
叶德寿有德自有寿 ………………………………… 211
友善为人的程氏父子 ……………………………… 213
鲍灿孝行传子孙 …………………………………… 215
为人正直显真情 …………………………………… 217
双寿承恩见仁善 …………………………………… 219
不屈邪恶护忠良 …………………………………… 222
程子谦两建镇海桥 ………………………………… 224
真孝传世建牌坊 …………………………………… 227
古溪仰氏二孝子 …………………………………… 230
躲债伸援手 ………………………………………… 232
九日行庵文宴图 …………………………………… 234
久病更见真孝道 …………………………………… 237
口碑不没惠人名 …………………………………… 239
黄杏仙行善办女校 ………………………………… 241
"我的朋友胡适之" ………………………………… 243

爱国篇

AIGUO PIAN

徽州故事

导　　言

　　爱国，是一种情感，是一种思想，是公民的道德操守，也是你我的社会担当。

　　正如古人所说："位卑未敢忘忧国。""天下兴亡，匹夫有责。" 从周公、屈原，到杜甫、岳飞，再到林则徐、孙中山，自古以来，精诚报国的志士仁人成千上万，他们为了民族的生存和发展，为了祖国的统一和富强，呕心沥血，上下求索，赴汤蹈火，无私无畏，谱写了一曲曲惊天地、泣鬼神的爱国乐章。

　　回看千年徽州的历史，忧国忧民是传统，保家卫国是古风，爱国精神激荡起一串串光洁耀眼的浪花。譬如保境安民的汪华，奋勇抗击殖民侵略的海战英雄汪铉，明朝"抗倭第一功臣"胡宗宪，以身殉国的抗清志士金声、江天一，精诚维护国家主权的外交大臣汪大燮，反对卖国条约、奋起游行示威的爱国青年徐英、刘和珍，宣传抗日救国、参加抗日救亡运动的共产党人张曙、吴承仕，他们皆是怀着忧国忧民的深情大爱，怀着国泰民安的理想追求，展示出感天动地、可歌可泣的家国情怀。正是如此世代辈出的徽州先贤，对祖国、对民族、对中华文化体现出高度的认同感和归属感、责任感和使命感，使得积淀至今的博大精深的徽州文化，蕴藏着极其宝贵的思想资源，蕴藏着无比强大的正能量。

　　爱国主义是中华民族继往开来的精神支柱，是实现中华民族伟大复兴的强大动力，是维护祖国统一和民族团结的坚强纽带，也是每个公民实现人生价值的力量源泉。尽管历尽沧桑变迁，时代风采日新月异，但优秀文化总是一脉相承、历久弥新的，所以当今时代倡导的爱国主义，完全可以从文化的传承中寻找源泉，从社会的进步中汲取力量，从一代代仁人志士的奋斗历程中去比对文化基因，从而激活我们的情感，震撼我们的心灵，进一步焕发追逐梦想、报效祖国的进取精神，让国家统一、民族复兴的宏伟蓝图早日成为美好的现实。

保家卫国的新安战将

梁武帝太清二年（548），"侯景之乱"爆发。侯景是五胡中的羯族人，统率的是当时梁国百姓所指的"胡兵"。

侯景攻入建康（今南京）之后，分兵占领了吴兴郡（今杭州、湖州），夺取了会稽郡（今绍兴），继而把钱塘江流域的城乡破坏殆尽，杀死了数十万平民百姓。

在这样的历史背景下，钱塘江上游的新安郡出现了一个抗击"胡兵"南侵、率众保家卫国的英雄。他就是休宁篁墩的程灵洗。程灵洗组建起武装民团，接应新安郡城的百姓，并掩护新安郡太守萧隐及衙门里的官吏撤退到篁墩。

侯景的"胡兵"自渡江以来，一直所向披靡，但他的部将元义在占领新安郡城之后，遭遇了前所未有的阻击，吃了第一场败仗。他派出追击新安太守萧隐的马队，被埋伏在山道两边的民团所围歼。石匠或铁匠出身的民兵居高临下，用滚木与礌石攻击"胡人"骑士，而精于"太极功夫"的拳师棍卒则突入敌阵，杀败残匪。

元义被迫退回新安郡城。程灵洗则把投奔到篁墩来的太守萧隐奉为盟主，收编各方的抗敌力量，扩建义军，把歙县、始新（今淳安）、休宁、黟县建成了牢固的根据地。

新安郡城分为内城和外城，易守难攻。内城沿天镜山墩的东、南、西三面用大块石砌成高5米的石磅，犹如城墙，并以三条石级为通道。外城沿新安江岸用大松木钉成木栅，人称木栅城。为了解决城内百姓的饮水、用水问题，建城的人开凿有西渠与东渠。西渠经西门村流入；东渠经星桥流入。

程灵洗决定智取。他率人潜入水底，凿沉了元义沿江部署的所有战船，将"胡兵"全部逼入木栅城。同时派人堵死了东、西二渠，断了城内的水源。

这样，便从根本上破坏了元义"固守待援"的计划，使他不得不带领残部，突围退出新安郡城，并报告侯景说："新安的山民简直就是溪间的山魅，崖畔的狐狸！"

因此，程灵洗被梁元帝授予持节、通直散骑常侍、都督新安诸军事、云麾将军、资领新安郡太守。

后侯景特派其副帅吕子荣率大军来攻新安。

程灵洗因熟读《易经》，深谙"太极"思想，故而决定避其锋芒，主动放弃新安郡城，退回歙县、始新、休宁、黟县根据地，与侯景的大军打起了游击战。

程灵洗拖住了吕子荣率领的大军，加速了南侵"胡军"的全面失败。为此，在程灵洗重新光复新安郡城之后，他又以军功被授予持节、散骑常侍、都督青冀二州军事、青州刺史，继而受命率部走出新安，协助太尉、扬州刺史王僧辩镇防扬州。

程灵洗死后，被追赠镇西将军、开府仪同三司，谥"忠壮"。《陈书》《南史》有他的传记，程灵洗成为徽州历史上第一个正史立传的名人。

点评

程灵洗是对当时的全国御敌南侵战争、平定"侯景之乱"发挥了重大作用，并成功领导新安民众保家卫国的爱国将领。

——江声皖

归顺大唐的爱国情怀

隋朝末年,天下大乱,烽烟四起,生灵涂炭。此时唯有歙、宣、杭、睦、婺、饶等"江南六州"百姓安居乐业,常年不见刀枪,正如陶渊明笔下的世外桃源。何以如此?因为这里有位保境安民、人称"太平之主"的"吴王"。

吴王不姓吴,他姓汪,叫汪华。别看他拥兵十万,据地六州,其实他从举义起兵之日起,就一直盼望着战乱结束、天下太平。他天天盼,夜夜盼,终于——他看到了大唐王朝的兴起,看到了国家统一的曙光。

这一天,他郑重其事地与左右商议说:"诸位都很清楚,我本田家,只因世道动乱、四方多难,不得不崛起于山谷之中,率领六州,镇守乡土,相互保全,安抚黎民。近日夜观天象,我料大唐必兴。日月既出,烽火可息,六州版图,宜有所归。我想顺应天意民心,尽早奉表归唐,诸位以为如何?"他见左右沉默不语,便又叹道:"如果你我迟疑不决,坐待大唐来攻,两军交锋之时,父老流离失所,六州玉石俱焚,岂不有违我等举义起兵之初衷?"众人见他言辞恳切、主意已定,便都颔首称是。于是,汪华亲笔写就一份《奉籍归唐表》,特派左丞相汪铁佛专程送往长安。

汪铁佛是汪华的堂弟,他懂得汪华的深谋远虑,深知此次使命关系重大,可谓六州安危、天下大势系于一身,于是率人扮作客商,即日出发,昼夜兼程,马不停蹄,驰骋十余天,来到京城,当夜沐浴更衣，凌晨奉表上朝。

这天早朝，唐高祖李渊见表大喜，环顾群臣道："歙州汪华，当初因为离乱，起兵保据江南，镇守一方，如今见我大唐势盛，中原平定，表示愿意放弃王位，纳土称臣。诸位爱卿，有何高见？"秦王李世民高声奏道："汪华能在乱世起兵，保境安民，堪称仁勇之士；今又顾全天下统一，率土来归，足见忠义之心。眼下中原只是粗略平定，各地王者也还比比皆是。所以朝廷理当褒奖汪华，以为天下英雄树立榜样。"高祖抚案称善，当即颁布诏书，褒扬汪华的安民之德、献土之功，赐封汪华为大唐越国公，委任他为歙州刺史，并兼六州总管。

这是武德四年（621）九月的故事。

贞观二年（628），越国公汪华奉诏进京任职。他兢兢业业，忠心耿耿，参掌禁兵，卫戍皇城，先后担任忠武将军、九宫留守，深受李世民的信任，为"贞观之治"作出了特殊贡献。

汪华死后谥"忠烈"，徽州各地立庙祭祀。有副楹联说得好："乱世据六州，保境安民，煌煌功绩重千古；

汪华归唐图

治平朝帝阙，忠君爱国，赫赫英名满神州。"汪华"保境安民"，六州百姓对他感恩戴德，香火祭祀，世代不忘。汪华"忠君爱国"，历朝历代有9位皇帝前后15次为他加封，史上罕见！

点 评

"井水处处祠，箫管年年声。遗民讴且思，深厚千载情。"六州的安定、国家的统一，都有你的一份功绩。百姓不会忘记，历史不会忘记。

——汪大白

忠烈报国的凌唐佐

凌唐佐是北宋杰出爱国志士。他面对金兵入侵,英勇抗敌;面对威逼利诱,坚贞不屈。

南宋建炎三年(1129),凌唐佐任南京(今商丘)应天知府时,正值金兵大举侵犯。宋高宗赵构带着朝中文武群臣迁都扬州,凌唐佐奉命留在南京抗击敌人,为顺利迁都创造条件。当几十万金兵铁骑围困南京时,凌唐佐大义凛然,毫不畏惧,誓与城池共存亡,表现出英雄气概。

可济南知府刘豫就不一样了。他非常畏惧敌军。当金兵将领以富贵进行诱降之时,刘豫居然很快率兵投降。不但如此,他还协助金兵攻陷南京。这将凌唐佐彻底激怒了。竟然有这等贪生怕死、卖国求荣之人!凌唐佐恨不得将其亲手捉拿并当场击毙。凌唐佐面对金兵和叛军的猖狂进攻,坚持了一轮又一轮抵抗。几场恶战下来,城中兵少粮缺,加上没有援兵救援,凌唐佐终因寡不敌众而被俘。被俘后,凌唐佐表现出铮铮铁骨、视死如归的大无畏英雄气概。金兵统帅很敬重他,心想如能像刘豫那样把他降服,对金军来说就是一大胜利。金兵统帅故意对他释放善意,并许以高官厚禄。凌唐佐不为所动,反而变得更加坚定,绝不做刘豫第二!金兵统帅不死心,让刘豫出面劝降。刘豫对他晓以利害,以利禄相诱,劝他像自己一样"想得通"。凌唐佐对此嗤之以鼻,反而呵斥刘豫变节投敌。金军统帅无计可施,只得退而求其次,让他继续留任南京知府,企图以此感化他。凌唐佐利用这千载难逢的时机，悄悄联络自己信得过的大名知府李亘、曹州知府宋汝为等人，想尽各种办法收集情报，派遣侄孙凌宪将蜡书奏明皇上，以求里应外合，收复失地。

根据凌唐佐的要求，凌宪到常州面见尚书左仆射吕颐浩。吕颐浩对凌唐佐不失时机收集情报的行为大加赞赏，便让凌宪给他带去一封密信。凌唐佐妻子田氏一再坚持让凌宪与馆客张约一起进餐，凌宪勉强同意。不久，凌宪传递情报一事被张约告发。

绍兴二年（1132），凌唐佐再次被捕，被押至汴梁（今开封）。金国首领特意安排刘豫审问凌唐佐。刘豫对凌唐佐软硬兼施，继续劝降，并质问他："金国对你这么好，你为什么还要出卖我们？"凌唐佐反问："朝廷有什么地方对不住你？你为什么要投敌叛国？！"恼羞成怒的刘豫下令将他捆绑起来，并悬吊了几天。但凌唐佐视死如归，绝不屈服。敌人在无可奈何的情况下，只得对他施以极刑。临刑前，凌唐佐说："我唯一的遗憾是没能亲眼见到刘豫被斩首！"

凌唐佐就义后，赵构特诏赠徽猷阁待制，并御赐白玉碑一块。同年又敕命在南京为他建褒忠祠，享春秋之祭。为纪念凌唐佐，其家乡人在休宁晒袍滩为他建了衣冠冢，饰以金头，并在坟前建有石人石马和墓园，供后人永久怀念。

点评

凌唐佐面对金兵入侵，英勇抗敌；面对威逼利诱，坚贞不屈。

——吴兆民

囚禁十六年始终不辱使节

大学者朱熹，徽州婺源人，他的叔祖叫朱弁，既是文学家，也是爱国者，细说起来，故事不少。

遭遇靖康之乱，朱弁家破人亡，便随难民迁往扬州。南宋建炎元年（1127），高宗计议派遣使者前往金国，探望被俘的两个皇帝徽宗和钦宗。满朝文武都知道，承担这一使命有着极大的风险。这时太学生朱弁挺身而出，毛遂自荐，充当了河东大金军前通问副使，第二年的正月便随同通问正使王伦出访金国。

南宋使者来到云中，见到了金兵统帅粘罕。朱弁便当面要求金国释放二帝，停止南侵，与宋修好。尽管他的言辞激昂而又恳切，但是粘罕根本不听，反而派兵将他们囚禁起来。

这一囚禁就是五载。绍兴二年（1132），金主忽然派了宇文虚中来告诉朱弁，金打算与宋和议，需要一名宋使到金兵元帅府接受国书回宋禀报。虚中允许朱弁与王伦商量，决定谁去谁留。朱弁毅然表示："我既然志愿来到金国，原本就已决心以死报效朝廷，哪里还曾心存侥幸，指望先行回去？现在既然有此机会，但愿正使回去禀告天子，只要能缔结两国的友好关系，那么即使我的尸骨暴露在外，也会永远像活着一样感到幸运。"

在他的坚决推让下，王伦同意先行返朝。王伦将去之时，朱弁要求他把图印留下，并说："自古信使都有符节，我们现在没有符节。但是所谓印者，亦即信也。我会抱着大宋的图印，不离不弃；为它而死，死也不朽。"王伦明白他的心意，便将图印交给他。朱弁将图印藏在身上，从此一刻不离。

王伦走后，金人诱骗朱弁到投靠金国的伪齐政权刘豫那里当官，并且煞有介事地对他说："这就是你回国的开始。"朱弁义正词严地回答道："刘豫什么人？他是卖国贼！我恨不得吃他的肉，怎能忍辱做他的臣子？不用再逼我，我等死而已。"金人大怒，停止了对朱弁的饮食供

朱弁画像

应。朱弁忍饥挨饿，一心等待死亡，丝毫不肯屈服。

金人无法降服朱弁，便想给他改换一个官职。朱弁说："自古两国交兵，使者处在中间，他的话可以听也可以不听，甚至可以关押他、杀了他，何必还去改换他的官职？我的官职受之于大宋朝廷，我可以一死，但是绝不接受新职，致使我的国君蒙羞。"他当即写下文书要求转交耶律绍文，他写道："金国封官的命令，如果早晨到，我就当晚死；如果晚上到，我就第二天早晨死。"紧接着他又写信给后任的使者洪皓，向他诀别说："杀害使者不是小事，赶上这种事情，那是命中注定，我当舍生取义。"于是他准备了酒菜，召集被金扣留的士大夫们喝酒，饮至半酣，朱弁说："我已经看好近郊的一块墓地，一旦我牺牲报国，烦请诸位把我埋在那个地方，墓碑只要题上'有宋通问副使朱公之墓'，对我来说就是此生之大幸。"众人都低头流泪。朱弁却谈笑自如，说："这是做臣子的常情，诸位为什么悲痛呢？"金人知道朱弁终不可屈，也就彻底放弃了逼他归降的念头。

时至绍兴十三年（1143），宋金双方达成和议，被金扣留了16年

的朱弁终于回到南宋。归国还朝之后,朱弁拜见高宗,详细陈述了金人的种种实情,劝谏高宗致力国家中兴,早日恢复中原。高宗高度赞赏他的"忠义守节"。朝廷鉴于朱弁前后17年的忠贞与功绩,认为其职位应该晋升多级。但是当时专权的秦桧,并不喜欢他的中兴言论,仅仅给他授了一个奉议郎。

点评

汉朝有苏武牧羊的故事流传千古,这位南宋使者朱弁就是徽州的苏武!

——汪大白

对抗秦桧的忠勇之士

两宋交替时期,面对金兵的入侵,痛感北宋的灭亡,如何对抗投降势力,实现南宋王朝的中兴,当时的志士仁人普遍都经受着严峻的考验。胡舜陟就是其中一员。

胡舜陟,徽州绩溪人,南宋著名文学评论家胡仔的父亲。

北宋大观三年(1109),一场进士考试之后,胡舜陟的大名赫然在榜,从此他便身陷涡流密布、沉浮无常的宦海之中。特别是到了南宋高宗时期,朝中文武,主和主战,壁垒分明,此起彼伏,祸福难料。

绍兴年间,秦桧先后两次拜相,执掌朝政,竭力排挤朝中与自己政见不合的大臣,一味主张高宗屈己求和。

绍兴八年(1138),和战之争空前激烈,胡舜陟怀着一腔报国热血,上疏高宗,慷慨陈词,整整列举出十大罪状,指名弹劾卖国奸相秦桧。他的义愤与勇气一时震撼了朝野上下。但是秦桧一直深受皇帝恩宠,因而有恃无恐,暗中指使御史中丞常同上奏诋毁胡舜陟,结果胡舜陟被罢免了官职!

绍兴十年(1140),胡舜陟复职,晋封新安伯。哪知转眼到了第二年,他又遭遇一起震动朝野的大事件,不可避免地与秦桧结下新的怨恨。什么事件?绍兴十一年(1141)十月,秦桧让谏官以"莫须有"的罪名上疏弹劾岳飞,同时张俊又诬告岳飞的部将张宪蓄意谋反,致使岳飞父子连同张宪被捕入狱,一并囚禁于大理寺并施加严刑逼供。精忠报国的抗金名将竟被当作叛国罪臣，岂不是天大的笑话！眼见秦桧陷害忠良的罪恶行径，复职不久的胡舜陟挺身而出，上疏朝廷，赞颂岳飞抗金的卓越功绩，披肝沥胆地为岳飞等人申冤辩诬。他的这一次正义之举又是什么结果呢？当年年底，岳飞等人全遭杀害！

绍兴十三年（1143），转运使吕源因念旧怨，写信给秦桧，诬告胡舜陟"受金盗马""非笑朝政"。秦桧早已容不得胡舜陟，曾经命人搜集他的"罪状"，如今得此机会，自然挟权报复，立即指派大理寺官将胡舜陟抓捕入狱，连续两旬从严追逼，结果胡舜陟被活活逼死！当胡舜陟死讯传开时，地方士民为之痛哭。胡舜陟的妻子江氏即向朝廷诉冤，皇帝特派专员查问究竟，结果正如调查专员所说："胡舜陟的确深得民心，比之古代良臣循吏，无以为过。"胡舜陟案最终得以昭雪平反。

点评

敢与秦桧为敌，能为岳飞辩诬，他胆识过人，虽死犹生！

——汪大白

忠义门第无私报国

南宋王朝深受金人威胁，主战主和两派斗争激烈。卖国丞相秦桧一死，举国上下人心大快，亟盼新任丞相能够革新政治，振兴宋室；能够北上抗金，收复失地。然而，汤思退执政之后，完全沿袭了秦桧的做法，结党营私，排斥异己，一味推行议和妥协政策，导致南宋军事节节失利，政治危机日益深重。有志抗金的爱国将士、主张北伐的朝廷官员，无不表示失望和不满。这时有一位名叫汪澈的侍御史不惧权势，挺身而出，联合殿中侍御史陈俊卿共同上疏，弹劾妥协误国的主和派头目汤思退。汤思退因此被罢官。

这位当时官任侍御史、后来做到副宰相的汪澈，是徽州婺源大畈人，祖籍歙县。他一贯主张抗战，反对和议，并且以正直敢言著称。宋孝宗曾经问他："卿何如此尽忠？"他回答说："臣起自寒远，所以报国，惟无私不欺尔。"

古人崇尚忠义传家，徽州先贤尤其如此。这里说说汪澈从孙汪立信忠义报国的感人故事。

汪立信考中进士之日，宋理宗赵昀见他状貌雄伟，回头就对侍臣说道："此帅才也。"

汪立信谋虑深远，力主抗元。元兵包围襄阳，形势十分危急，他上书丞相贾似道，陈述上中下三策：上策是选派重兵，沿江布防，分屯置府，相互联络，战守并用；中策是缴纳岁银，延缓战期，整修军备，俟机再战；下策是死心塌地，坐以待毙，君臣投降，亡国灭种。

贾似道见信大怒，狠狠将信摔到地上，骂道："瞎眼贼竟敢如此狂言！"汪立信有只眼睛不大好，所以气急败坏的贾似道有此辱骂。不久汪立信就遭到了贬斥。

咸淳十年（1274），元兵大举伐宋。贾似道仓促督军迎战，任命汪立信为江淮招讨使，在建康府招募士兵支援前线。汪立信毫不迟疑地接受命令并于当天出发，只在出发之前将妻室儿女托付给部将金明，并拉着金明的手说："我汪某不负国家，你也必定不会负我。"汪立信在进军途中与贾似道相遇于芜湖。这时候的贾似道拍着汪立信的背，痛哭流涕，大叫后悔："不用公言，以至于此。"俗话说得好，世上哪有后悔药！忠言良策听不进，祸国殃民害自己。汪立信摇头道："时至今日，瞎眼贼也已无话可说。眼看江南将无一寸净土，我想寻一处宋家之地死而后已。"随后汪立信率军转战高邮，想要控制淮汉一带以为后图。不久，贾似道全军溃败，江汉守臣望风而降。消息传来，汪立信设宴与部属诀别，长叹一声，说："生为宋臣，死为宋鬼。为国而死，死也幸事。"夜半，他徘徊庭中，慷慨悲歌，气绝而亡。

元朝丞相伯颜进驻建康，得知汪立信所作所为，感叹良久，说："宋朝竟有这样的忠臣、这样的良策！如果真能得以采纳，我又怎么到得了这里。"他便派人找到汪立信的遗属，给予特别优厚的抚恤，并称之为"忠臣之家"。

另有文献记载："立信子汪麟，在建康不肯从众降，崎岖走闽以死。"

点评

无私尽忠是传统，以死报国继家风。"忠烈报国唐宋风云为之激荡，孝廉传家明清才俊由此传扬。"千年古村唐模的这副楹联，展示了徽州人的爱国情怀和家风典范。

——汪大白

抗葡卫国的屯门大捷

在今天深圳市的中山公园,你可以看到一座为明朝抗葡英雄汪鋐雕塑的塑像;在深圳市的文物保护单位中,有一座为纪念汪鋐而始建于嘉靖年间的"都宪汪公遗爱祠"。这两处文物都寄托着广大民众对这位民族英雄的爱戴之情。

汪鋐,徽州婺源大畈人,大畈昭恩楼至今仍保存着汪鋐的画像。明正德年间,汪鋐奉命巡视海道,进驻设在东莞南头的海南道行署。这里是管理广东一带海疆边防的前线指挥部,汪鋐正是在这里指挥了抗击葡萄牙侵略者的屯门海战。屯门海战是中国历史上与葡萄牙入侵者的第一次交战,屯门大捷是中国人民第一次成功反抗西方殖民者的战例。

故事还得从头说起。

16世纪初葡萄牙人在占领马六甲之后,便垂涎我国的东南海疆。

正德年间,葡萄牙殖民主义者假借朝贡之名,率领庞大的舰队来到中国。他们强行占据了屯门岛,并在屯门岛上竖立石碑,碑上刻着葡萄牙的国徽。他们不仅把屯门岛当作自己的家园,修建房屋,围立栅墙,做了久居的打算,还把屯门岛作为军事基地,修建营寨,制造火铳,积极备战,图谋进据南头,深入中国内地。他们平日里还杀人抢船,劫夺财货,焚毁民居,盗掘墓室,干着海盗的勾当。特别狂妄嚣张的是,他们将一支由5艘巨舰、1000多名士兵组成的武装舰队,明目张胆地驶入屯门水域,横行无忌,耀武扬威,有意要强逼明王朝

汪铉抗击葡萄牙侵略者

签订条约，准许葡萄牙人在大屿山驻军布防。

殖民主义者的侵略行径，激起当地民众的愤慨，也使朝廷上下为之震怒。正德十六年（1521），广东按察使汪铉奉旨奔赴屯门前线，"亲冒风涛，指画方策，号召编民，率以大义"，与葡萄牙侵略者展开了一场恶战。

汪铉首先封锁了屯门澳，敦促葡萄牙人远离中国海疆。葡萄牙人根本不予理睬，仗恃着他们的坚船利炮以及岛岸上的坚固堡垒，公然与中国军民对抗。

于是汪铉派兵出战。谁知中国船只根本无法靠近敌船，远在数百米之外的敌人，只要瞄准之后一开火炮，我方便会船毁人亡、木石纷飞。

硬拼不是办法，汪铉决定用计。他紧急征调渔民海舟，并在舟上满载浇灌了易燃油脂的枯柴燥荻，选择合适的时辰，趁风放火，攻击葡萄牙的战船；与此同时，又组织大批水性好、善潜水的士兵和渔民潜入水中，希望能够凿毁凿沉葡萄牙战船。可结果并不理想。怎么办？

正在汪鋐焦虑之时，东莞县白沙巡检何儒提供了一个信息，说葡萄牙的船上有中国人，他们应该知道敌船底细以及火铳火药的铸造方法。汪鋐闻后大喜，吩咐何儒秘密派人假装卖酒，如此这般，依计而行。卖酒人成功潜入敌船，果真发现两名中国人，一个名为杨三，一个名为戴明，于是经过一番沟通，约定某夜小船接应。

汪鋐听取杨三、戴明关于葡萄牙战船以及火铳火药的具体描述，随即组织人力如法仿造，仿造成功随即试验，试验成功随即使用。有了大量仿造的战船和火炮，明军的战斗力大为加强，军中士气也为之大振。

这一次，汪鋐又亲临南头海岸，号令全军利用仿制的铜铳向敌船猛烈轰击。敌方伤亡惨重，无法抵抗，仅有3艘大船乘着夜色慌忙逃窜。次日黎明，明军又万船齐发，水陆并进，向着敌人的船只和工事发起猛烈进攻。这一仗打得十分激烈，打得船坚炮利、势力强悍的葡萄牙人，死的死，逃的逃。明军大获全胜，从此屯门再也没有葡萄牙人的踪迹。

点 评

屯门海战大捷，朝野倾动；汪鋐不辱使命，卫国有功。

——汪大白

重铸铁像昭后人

凡是去过西湖岳王庙的人，都不会忘记那四座跪在岳飞墓前的铁像，铁像塑造的就是陷害岳飞的秦桧夫妇和两个奸臣，他们长跪岳飞父子面前，千秋万代受人唾骂、遭人击打。

据史料记载，岳王庙始建于南宋嘉定十四年（1221），明景泰年间改称"忠烈庙"。近800年来，岳王庙内岳飞墓前的奸佞跪像前后重铸过12次。这12次铁像重铸的历史，体现着中华民族灵魂的震颤，同时也体现着一位徽州人士的忠义报国之心。

现在就来说说这位徽州人士重铸铁像的故事。

这位忠义之士的名字叫范涞，他是明朝徽州休宁林塘（今属黄山市屯溪区奕棋乡）人。他平生尊崇程朱理学，为人耿介清高，特立独行；居乡期间，布袍蔬食，不入城市，不拜官长，专事著述；为官时期，劝农兴学，除暴安良，举贤荐能，忧国忧民。他说："士大夫幸遇太平，则应清廉奉公；遭逢动乱，则应精忠报国。"每读《宋史·岳飞传》，他总是为岳飞的忠而蒙冤扼腕长叹，反复念诵岳飞的"供词"："天日昭昭，天日昭昭！"

明万历二年（1574）范涞考中进士，所到之任，皆有政绩。万历二十一年（1593），范涞任浙江按察司杭严道兵备副使，提典刑狱。他一到杭州任所，就立即率人前往西湖栖霞岭南麓，去祭拜坐落在忠烈庙里的岳飞墓。

范涞在岳飞墓前徘徊久久，他的耳边反复回荡着岳飞"精忠报国"的人生宣言、"还我河山"的战斗号令，他的脑海里一直浮现着岳家军金戈铁马冲锋陷阵的壮烈场景，浮现着风波亭奸相佞臣陷害忠良的歹毒嘴脸。他又一次感到义愤填膺，他觉得自己应该做点什么。

忽然听见有人在狠狠地唾骂秦桧夫妇，范涞转过身来，凝视着秦桧夫妇和万俟卨反剪双手、赤身长跪在岳飞父子墓前的塑像，不由得长长吁出心中的一口恶气。不过他发现，前任都指挥李隆所铸这三座塑像，现在都已被前来祭拜岳飞的游人们愤情击坏——他知道该为民族英雄岳飞和后代爱国民众做点什么了。

范涞立即决定，采用更加坚固的生铁来重铸几个卖国奸臣的跪像。范涞指挥铸造的跪像除了原有的秦桧、王氏和万俟卨三人，还新增了一个张俊。他认为张俊首先附和秦桧，蓄意解除岳飞的兵权，后来又与秦桧联手，伪造岳飞爱将张宪的口供，诬陷岳飞有意谋反，最终导致岳飞父子以及张宪的惨死。张俊早期虽有战功，但他后期陷害忠良、附和误国的行径令人不齿。经过重新铸造之后，岳飞墓前的奸佞跪像便有了四座。范涞的历史见解和忠义之心，得到杭州吏民的交口称赞。

万历三十年（1602），范涞升任浙江布政使。当他重返杭州时，第一时间去祭拜了岳飞墓。到了岳飞墓前，看见四座跪像中王氏和张俊两座被人击碎，范涞毫不犹豫地捐出自己的薪俸，聘请能工巧匠重新铸造，及时地补齐了四座跪像。

点评

"青山有幸埋忠骨，白铁无辜铸佞臣。"爱慕忠良，痛恨奸佞，范涞的所作所为传达了历朝历代爱国志士的共同心声。

——汪大白

一块"忠谏流芳"的牌匾

在我国古代，忧君忧民、精忠报国的政治信念，通常被具体化为一种人生模式，那便是武死战、文死谏。明朝的太平仙源人周怡就是坚持这种信念、践行这种模式的一位爱国人士。

周怡性情耿直，风高节亮，宁折不弯。明嘉靖元年（1522），18岁的周怡参加院试，就曾写下这样的文句："鼎镬不避，沟壑不忘，可以称士矣，不然皆伪也。"督学章介庵对周怡大为赞赏，收他为徒，并携带他入京。嘉靖十七年（1538），周怡登进士第，初任河北顺德推官，政声卓著，屡被举荐。嘉靖二十一年（1542），擢升吏部给事中。

当时正值首辅夏言革职赋闲，严嵩入阁主政，朝政相当混乱。周怡虽然是初为朝官，但却丝毫不畏权贵，他上任伊始，就上疏弹劾尚书刘天和、李如圭，致使刘天和罢官，李如圭还籍待勘。时隔不久，他又大胆弹劾了湖广巡抚陆杰，尚书甘为霖、樊继祖，一时之间朝野为之震动。

第二年，吏部尚书许瓒上疏参劾严嵩徇私舞弊，不料却遭到世宗皇帝的贬责。周怡对此愤愤不平，决意继续上疏弹劾严嵩，身边同僚大为吃惊，劝他千万不可鲁莽，以免丢了性命。周怡朗朗正色道："我们既然为官，一要忧君，二要忧民，日夜都只顾全自身安危，岂不是太自私、太虚伪了吗！武将战死，文官谏死，这才是忠臣良将之所为。奸佞不除，枉为人臣！"第二天五鼓上朝，周怡果以吏部尚书许瓒弹劾严嵩事为由，呈上《劾大臣不和疏》，揭发严嵩等人"凭借宠灵，崇己徇私，播弄威福，市恩修怨"之类种种罪行，进而陈述说："今严嵩凭借皇上的恩宠，气焰嚣张，凌逼百官，凡有请旨禀报的事情，无不预先求得他的同意，而后才敢呈送陛下知道。"他的一番措辞十分严厉，而且切中要害。但不可思议的是，世宗皇帝居然又将周怡的这份奏疏批给严嵩处理。严嵩看过周怡的奏疏，气得暴跳如雷，恨得咬牙切齿。怎么办？这个不知死活的家伙，非得教训教训不可！严嵩将一份奏疏颠来倒去地看，反复推敲了一整天，突然拍案而起，脸上浮起阴笑："有了！简直不知天高地厚，活该你这小子倒霉。"于是他从奏疏中断章取义地摘了两句，诬告周怡所说的"日事祷祀，而四方水旱未销"，意在指斥皇上，实属"大不敬"！听他一番曲解，世宗皇帝大怒，当即定下一个"诽谤朝政，诬陷上官"的罪名，便将周怡交付有司革职查办。蒙冤的周怡被罚杖责四十，然后锒铛入狱，听候处决。当时有十余名官员联名为他担保，请求皇上宽释，但是全都遭受罚减俸银的处分。

周怡在狱中呆了三年以后侥幸获释。但是不久，又因皇上密谕，周怡再次被捕，直至嘉靖二十六年（1547）才得以释放。

周怡虽然系狱五年，备受打击，但是不畏强暴，矢志不移，深为当时士大夫所感佩，一时声闻遐迩，名列"嘉靖三君子"。

穆宗皇帝即位，隆庆元年（1567），周怡复职，官任南京太常少卿。周怡忠直秉性不渝，又有《感激图报疏》呈于穆宗，陈述新政五条：（一）定君志以修德业；（二）畏天命以消灾异；（三）敬大臣以尊师道；（四）择左右以慎近习；（五）勤朝政以敕臣工。这五条新政条条都有教训皇上的意思，皇上不高兴了，周怡再次遭贬，外放山东。隆庆四年（1570），周怡被朝廷召为北京太常少卿，这时他年已六十有四，赴京途中突发重病，当即转回太平故里，三个月后与世长辞。

周怡去世之后，穆宗皇帝诏许周怡故里修建专祠，敕"忠谏流芳"牌匾悬于祠内，诏令县官逢时祭祀。乡人崇敬周怡气节，为他修筑石坊一座，名"恭节坊"。

点评

　　新安山水多峻洁，新安人士重气节。文死谏，武死战，新安世代出忠良——可敬又可叹！

——汪大白

抗倭平患的第一功臣

明嘉靖三十三年（1554）四月，绩溪龙川人胡宗宪出任浙江巡按监察御史，正值倭寇空前猖獗，朝中同僚为他饯行时说："两浙生灵，赖公此行。"胡宗宪想起父亲"忠君爱民，竭诚尽节"的遗训，不禁仰天长啸，随即慷慨陈词道："胡某此行，不平倭寇，誓不回京！倘若天不助我，唯有一死以报朝廷！"

到了浙江之后，胡宗宪深入各地了解民情、军情以及敌情，千方百计地招揽了大批智谋之士和骁勇善战的武将，全面筹划和部署东南沿海的抗倭战争。

胡宗宪平日自称是一介书生，他在抗倭战争中却表现得智勇双全，以至于有人将他比作汉唐时期的名将李广、郭子仪。

且说某日倭寇得知嘉兴城防空虚，便派数千人水陆并进来袭嘉兴。正在温州视察防备的胡宗宪急忙赶赴嘉兴，但是发现这里进无可进之兵，守无可守之所，紧急关头，他心生一计，挑选身边100余人组成敢死队，迅速备足100余瓮酒和50袋米，并秘密投毒其中，分载于两条大船之上，假扮送酒送米前往某地犒军的小分队，悄悄驶近倭寇临时集结的营地。等到倭寇发现、厉声盘问之时，敢死队员便慌忙跳水佯装逃命。倭寇截获船上酒米，人人喜出望外，蜂拥而聚，开怀痛饮，结果被毒死者无数，一时根本无力攻城。胡宗宪则由此赢得了时间，紧急招来援军，乘势击溃倭寇，嘉兴成功解围。

随即他又亲自带着七八名士兵，驾着一条小渔船潜入逃敌营巢侦察，敌人发觉之后，两岸追兵夹击，一时箭如雨下，左右士兵各举一扇门板以作掩护。小船刚刚穿越石桥，敌人已经追到桥上。据胡宗宪后来回忆，那时只要稍稍迟缓一步，他和同行士兵全都必死无疑！然而也正是仗着这次侦察所获，胡宗宪在石塘设下伏兵，三面夹攻，大败倭寇，为紧接下来具有重大意义的王江泾大捷拉开了序幕。

胡宗宪抗倭

当然，真正能够集中体现胡宗宪智慧过人、胆识过人的，是他制定并施行的"攻谋为上，角力为下""剿抚兼施，分化瓦解"的抗倭策略。这一策略从根本上改变了明朝前后50年的抗倭历史，为东南沿海长期倭患的全面平息铺平了道路。而后数年之间他以浙江巡抚兼任七省总督的身份，总揽全局，调兵遣将，步步争取主动，节节逼近胜利，最终凭此策略彻底扫清了倭寇，巩固了中国的东南海疆。

胡宗宪抗倭安民功载史册，徽州本土和浙江境内都有纪念他的报功祠。东南滨海民众对胡宗宪更是感恩戴德，直至清朝末年还有四时香火隆重祭奉他们心目中的这位抗倭英雄。

点评

金无足赤，人无完人，但是为国分忧，为民解难，倭患因他而平息，海疆因他而安定，他的智勇冠绝群英，他的功绩彪炳史册。

——汪大白

忠勇孝义的奇女子

明末崇祯年间，歙县出现了一位才艺超群的奇女子，她的名字叫毕著。她少年时期就表现得天赋不凡，不仅擅文能诗，而且善于击剑、精于骑术。她的父亲奉朝廷之命北上镇守蓟丘，她居然追随父亲远离故乡而寄身于军营。

崇祯十五年（1642）十月，清军将领阿巴泰率兵出黄崖口来犯，蓟丘城被清兵团团围住，危在旦夕。这天上午，毕著的父亲巡察了全城的防守情况之后，亲率部分将士出城冲阵，打算寻机突围。谁知双方交手之后，清兵蜂拥而至，而且愈战愈多，官军左冲右突，竟然无法脱身。这一场恶战，自午后直打到黄昏，终因寡不敌众，官兵死亡殆尽，毕著父亲也力战身亡，尸体还被清兵掠去庆功。

得知主帅阵亡的消息，守城官兵纷纷立誓报仇，毕著更是悲痛欲绝。怎么办？有人认为清兵人多势众，我军难以为敌，只有请求救援，才能退敌解围。但是毕著认为，等待援军，旷日持久，形势只会更加恶化；眼下敌军乍胜而骄，骄兵必定懈怠，不如趁此机会，出其不意，攻其不备，或许还能重振士气，使得局势有所改变。这时的毕著虽然年仅20岁，但是在场诸将倒都觉得她胆识过人，所说句句在理，于是决定支持她率兵夜袭的主张。当天夜里，毕著披挂齐整，亲率一队精锐乘着夜色悄悄闯入清军营地。果然，清军陶醉于白天的胜利，正在营内饮酒庆功，谁会提防有人闯营夜袭！只见毕著奋勇当先，带着将士们跃马扬刀，横冲直撞，左右砍杀，直杀得敌人蒙头转向，四处逃窜，自相践踏，死伤不计其数。她亲手砍下一名看守将领的头颅，乘乱抢得父亲的遗体，抱上马背纵马飞驰。等到清兵回过神来，调整兵力前来围堵，她早已率部远去。

明朝的督师官员闻知此事，大为惊异，于是上疏朝廷，请授毕著官职，表彰她的忠勇之举。毕著拒绝官职，决定扶送父亲灵柩回归江南。

她在南京龙潭安葬了父亲之后，发现乾坤已经颠倒，明朝彻底灭亡，黯然增添一层感伤。不久她嫁给昆山的布衣士子王圣开。她劝告丈夫注重民族气节，终身不为清廷当官办事。后来夫妻携手隐居苏州，过着诗文自娱、耕读相伴的清逸生活。

毕著的故事最早见于宜兴吴德旋所著的《初月楼见闻录》。毕著自己写有《纪事》一诗，叙述了闯营杀敌的经历，诗云：

吾父矢报国，战死于蓟丘。父马为贼乘，父尸为贼收。父仇不能报，有愧秦女休。乘贼不及防，夜进千貔貅。杀贼血漉漉，手握仇人头。贼众自相杀，尸横满坑沟。父体舆榇归，薄葬荒山陬。相期智勇士，概焉赋同仇。蛾贼一扫清，国家固金瓯。

点评

是谁造就了忠勇孝义的巾帼英雄？当然是"家国通一"的传统文化。有家才有国，无国哪有家！抗战十四年和抗美援朝都是"保家卫国"最真切的全民体验，至今我们记忆犹新……

——汪大白

抗清殉难的英雄金声

明末清初之际,在今天的休宁县万安镇瓯山村,曾经涌现出一位民族英雄,他的英名叫金声。

金声作为明崇祯元年(1628)的一名新科进士,因廷试对策深受崇祯皇帝激赏,他在登科第二年就已升任御史、监军,在亲友和同僚的眼里,他的发展前程将会不可估量。然而,清朝的兴起,明朝的衰亡,改写了历史,也改写了他的人生。

正如常言所道,"沧海横流,方显英雄本色"。当年清军初犯北京之时,金声就曾上疏朝廷,建议破格用人抵御外敌,但是朝廷根本没有理睬。金声深感失望,于是托病辞职,回到徽州老家,一边在还古书院讲学,一边召集乡间勇士,在县城西郊凤山一带习射演练。在此期间,大臣徐光启举荐他回朝编修历书,他坚辞不就;福王朱由崧任命他为左佥都御史,他也予以谢绝。

时局急剧恶化。清军入关之后,占领了华北,攻陷了南京。在这国破民难之际,金声拍案而起,偕同门生弟子,率领徽州民众,高高地举起了抗清报国的大旗。很快,随着"杀虏者昌,降虏者亡"的口号传遍江南大地,金声领导的抗清义军声威大震,接连占领了徽州以及周边的旌德、宁国、宣城和泾县等地。

清顺治二年(1645)八月,大批清兵蜂拥而至,徽州外围各县先后失守。为了阻挡清兵进入徽州,金声义军利用丛山险隘,全力固守绩溪。清兵三路围攻,竟然久攻不克。不幸的是,当时有个御史叫黄澍,也是休宁人,已经投降了清廷,却诈称领兵前来增援义军。义军一时疏于提防,清军乘机里应外合,侵占了绩溪。徽州随之失守,金声兵败被俘。

这一年的十月,金声被清兵押往南京,十里八乡的百姓都匆匆赶来,一直送他离开绩溪。金声壮怀激烈,视死如归,只在临去之际,回望徽州山水,慷慨吟诗一首,诗云:"祖宗功德沥肝肠,忍见腥膻秽土疆。山势嵯峨难再见,泉声呜咽若为伤。九死靡他悲烈庙,一师未济负南阳。相从患难唯金石,厉鬼驱车诉帝乡。"

金声被押经过芜湖的那天,所有旅居芜湖的徽州同乡夹道迎送,沿途搭起帐篷为他设宴饯行。临别难舍之时,有人动情说道:"等到先生归来之日,我们一定在此重聚畅饮。"金声大笑,意味深长地说:"谢谢诸位盛情厚意!不过,果真还能活着回来,那我金声就一文不值了。"

金声丛山关抗清遗址

金声被押到南京以后，清豫王多铎倒是十分看重金声的才学胆识，要求降清将领洪承畴设法劝他归降清廷。洪承畴对金声说："以前你我既是同榜进士，早有同学之缘，现今只要你肯弃旧图新，你我以后还做朋友。不知尊意如何？"金声怒目圆睁，厉声斥道："呸！哪有像你这样备受大明恩典却又屈身降敌的人啊！"转而又嘲讽他说："谁不知道我的同学洪先生早已捐躯殉国了！大明皇帝还为他恸哭罢朝、赐祭九坛、封妻荫子呢。你是什么人，竟敢在此假冒名垂青史的洪经略洪大人？"洪承畴被噎得无言以对，愣了好大一会，缓过神来之后，又凑在金声耳边轻声地说："你既不肯折节，不妨出家为僧。只要表示不再反清，我就担保让你还乡养老。请你三思！"金声大声回答说："如你所思所言，又何以为忠臣！"至此，洪承畴确信劝降无效，决意要杀金声，他禀报豫王多铎，只说金声"火性未除，志不可夺"。

十二月初五，金声在南京雨花台慷慨就义，时年48岁。金声弟弟金经、门生江天一同时赴死。临刑前，金声遥望明孝陵拜了又拜，然后正襟危坐，仰面迎刃，鲜血四射。当时目睹者，无不为之扼腕欷歔。

点评

生既危难当头，死则气贯长虹。保家卫国，舍生取义，精神不朽，可歌可泣。

——汪大白

从师殉国的书生意气

前篇说过金声报国的故事，这里再说说他的弟子江天一。

江天一，字文石，徽州歙县江村人。自从清兵与明王朝开战以来，他便追随他的老师金声起兵抗清。当时在金声的军营中，聚集着千万名侠义之士，精通兵法者也不下百人，但是金声特别赏识、特别信赖的是江天一。江天一虽然只是县学的一名学生，但是他性情纯厚，恪尽孝悌，他说："一个读书人，没有好德行，哪有好文章。"特别是他崇尚气节，办事干练，在金声看来，可谓是智勇双全，人才难得。

明崇祯十七年（1644），清军大举入关，攻占了北京。第二年五月，清兵长驱南下，江南各个州府纷纷归降。此时在金声的率领下，徽州士民仍然坚持着顽强的抵抗。

面临严峻形势，江天一建议说："徽州有得天独厚的优越地势，各县都有险要可以固守，只是绩溪那个方向正当交通要道，必须选定合适的地方修筑关口，多多派兵扼守，以此与其他各县构成掎角之势，彼此呼应，相互配合，才能防御清兵的进犯。"金声抚掌称道："文石所言极是，即请督兵修关！"于是江天一率人来到距离县城15千米的丛山路口，掘土垒石，夜以继日，很快筑起一道防守城关。

清兵大举来攻绩溪之日，江天一带兵坚守新修关口。他全身披挂，日夜巡视，不敢稍有懈怠。有时他也会伺机领兵出关迎战，交战结果往往是双方死伤大致相当。大批清军屯聚关口之外，久攻不克，深感沮丧。后来，清军不得不改变策略，留下部分骑兵与江天一僵持于丛山关口，另外利用归降的御史黄澍诈称领兵来援，改变方向从新岭一路突破防守，致使新岭兵败，绩溪县城最终沦陷。

绩溪沦陷之后，清军主将派人紧急搜捕江天一。江天一迅速潜回家中，嘱咐弟弟江天表好生照看老母，随后出门大叫："我就是江天一！"江天一于是被捕。

清军中有人敬佩江天一，示意可以设法让他逃脱，但是他说："你以为我怕死吗？如果我真逃生，全家都将被杀！"来到军营门口，他与金声相遇，金声看着他说："文石，你有老母，不能就死。"江天一笑道："天一既然与先生一道起兵，自当与先生一起殉义！哪有与人共事而临难逃避的道理呢？请您千万不要为我母亲担忧。"江天一被押到南京之后，总督洪承畴似乎有意不杀他，他却昂起头来说："我为你着想，还是杀了好。因为我不死，必定再起兵！"于是他被拖到通济门外的刑场。到了刑场，江天一三呼"高皇帝"，又向南面拜了两拜，然后坐下受刑。在场的人都感佩不已。几天之后，弟弟江天表前往南京收殓了他的尸体。

著名学者汪琬写有《江天一传》，他在传记中说："我国古代多有义烈之士，江天一算是一个典型。明末清初之际，徽州士大夫尽忠报国的有汪伟、凌駉与金声多人，而只有江天一以在读生员的身份为国殉难，所以特别显得难能可贵。"

点评

生当作人杰，死亦为鬼雄。至今怀先烈，惟节不惟功。

——汪大白

慷慨捐输的鲍漱芳

清朝歙县棠樾鲍漱芳,从小跟随父亲鲍志道在扬州经营盐业,后成为两淮总商。鲍漱芳每当国家危难之际,总会挺身而出,时常捐资助政,捐赈救灾,为国纾难,为民分忧,表现出强烈的爱国情怀。

且不说清嘉庆八年(1803)朝廷在川、楚、陕三省最后平乱中,鲍漱芳组织富商捐输军饷,单说嘉庆十年(1805)国家遭受水灾后鲍漱芳的种种善举。

这一年洪泽湖水暴涨,车逻、五里等堤坝溃决,以致灾民变成饥民。鲍漱芳心急如焚,马不停蹄地开展救济工作。他以两淮总商名义先是集议公捐大米6万石赈济并实施,随后在受灾各县设立粥厂,以解决灾民吃饭问题。为了掌握灾民受灾和救济真实情况,他亲自前往泰州探看督查,并做到随时发现问题随时解决,受到灾民拥戴。

还是这一年,淮河、黄河相继爆发水灾,致使大水漫溢扬州邵伯镇,造成大量灾民流离失所。鲍漱芳向众商倡议仍通过设立粥厂加以赈济,并力请公捐小麦4万石,以保证灾民粮食供应。考虑到赈济结束时刚进入冬季,加上洪水还没有完全退去,饥民生活仍然困难重重,鲍漱芳又极力倡导各盐商延长赈济两个月,并受到响应。有人担心受水灾影响一时难以买到这么多粮食,很难顺利完成接续工作。鲍漱芳对此加以周密谋划安排,结果只用了不到10天的时间就使装载麦子的船只相继顺利到达。考虑到粥厂撤离后灾民仍可能存在困难,鲍漱芳便在撤离前一天,又特地运来10船山芋散发给灾民,使灾民的后续困难得到解决。除此之外,鲍漱芳还给灾民准备种子、耕牛,帮助他们恢复生产。由于鲍漱芳的大力救助,使得数十万人得以存活,并恢复生产。灾民对他无微不至的体恤关怀充满感激之情。

棠樾鲍氏支祠"乐善好施"匾

此外,鲍漱芳对当地方义坝修复、高家堰抢险护堤、疏浚河渠等又集众输银300万两,后为疏浚江都芒稻河捐银6万两,又为疏浚沙河闸捐银5000两。

鲍漱芳不但在客籍为国纾难,为民解忧,还在乡里多施善行,兴里社,筑水坝,置义学,修道路,周济贫困、婚葬等等。嘉庆十二年(1807),鲍漱芳与弟鲍勋茂捐银14000余两用于重修府学紫阳书院,并于去世前留下遗嘱,要其子鲍均尽其所能继续捐修府学,重建忠义祠。4年后鲍均捐资重修府学尊经阁及教授、训导两衙署,使鲍漱芳遗愿得到实现。

鲍漱芳屡次捐输，深得嘉庆皇帝赞赏，获得清廷从优议叙、加十级的嘉奖。嘉庆二十五年（1820）朝廷降旨建"乐善好施"牌坊，以旌表鲍漱芳和鲍均的懿行美德。这一牌坊现仍屹立于歙县棠樾牌坊群中，昭示着后人力行扶危济困、友爱天下！

点评

为国纾难，为民解忧；扶危济困，友爱天下。

——吴兆民

为国争光的铁路之父

清光绪三十一年（1905），清政府决定修筑我国第一条铁路——京张（北京至张家口）铁路。为争夺修路权，英、俄两国相持不下，为避免被动，清政府决定依靠自己的力量修筑。经督办关内外大臣、会办大臣奏准，任命徽州婺源人詹天佑为京张铁路会办（后升任总办）兼总工程师。外国人见此决策安排，几乎众口一词地预言京张铁路绝难完成，并以中国能建铁路的工程师尚未诞生相讽刺。詹天佑说："中国地大物博，而于一路之工，必须借重外人，引以为耻！"他以大无畏气概，率领全体筑路人员知难而进，发誓为国争光。

詹天佑从关内外、江苏等铁路延请留美工程师邝孙谋、颜德庆相协，于光绪三十一年（1905）五月开始从丰台经南口、八达岭勘测至张家口，一个月后就提出了勘测报告，并拟定修筑方案。九月初京张铁路即破土动工，可谓神速。

对承担这一重大工程建设任务的艰巨性，詹天佑是有思想准备的。他曾写信给留美时以师礼相事的诺索普夫人说："中外人士都密切注视着我的工作。如果我失败了，将不只是我个人的不幸，也将是全体中国工程师和中国人的不幸，因为人们将不再信任中国的工程师。"詹天佑呼吁中国的工程师们"各出所学，各尽所知，使国家富强不受外侮，以自立于地球之上"。詹天佑满怀炽热的爱国感情，决心完成这一由中国人主持的重大工程。

为保证工程质量，詹天佑在施工中对某些区段一再复测改线。如南口至岔道城段因重峦叠嶂和石峭弯多,改采居庸关、八达岭线;由于南口至八达岭高低相差600米,每13.3米就要垫高0.3米,行车易出险情,决定开建隧道。在设计关沟路段时,詹天佑通过精细测量,使隧道长度比英国人设计的方案少2000米。为缩小坡度和隧道长度,他又在青龙桥东沟采用"人"字形爬坡路线,并用两台大马力机车调头相互推挽的方法来解决坡度大和牵引力不足的问题。他还仿造出自动挂钩以牢固连接车厢,人称"天佑钩",并首次在国内使用炸药开凿石方。全路工程以南口至岔道城段最为艰难,施工中经常会遇到渗水、塌方、通风等问题,外国人称"中国不能担负开凿山洞工程,因为中国没有通风机和抽水机,势必雇用外国包商"。对这些难题,詹天佑硬是通过土洋结合的办法加以解决。最长的八达岭隧道最初施工时从两端开凿,由于上腹石质坚硬,山势欹斜,进度缓慢,詹天佑便于隧道线上山坡开凿两直井,下达轨线,使之能从6处同时施工,彻底解决了进度问题。

京张铁路建成时,詹天佑(前排右三)与工程技术人员在验道专车前合影

经过4年艰苦奋战，京张铁路全线告成。这比预计时间提前2年建成，节约经费约29万两，总费用只占外国承包商索价的五分之一，实现了"花钱少，质量好，完工快"的预期目标。外国工程人员对如期完成如此艰巨路工深表钦佩，特别对青龙桥、鹞儿梁、九里寨3处"省去峒工"，誉为"绝技"。报载"通车之日，王公士庶及东西人士观者数万人，咸啧啧叹为古所未有"。

中国人自行设计、投入营运的首条铁路的成功，不仅为我国工程界赢得了世界性荣誉，也一扫半个多世纪以来国势积弱造成的自卑心理，振奋了民族自信心。

点评

敢于担当，勇于开创；创造奇迹，重振国威。

——吴兆民

志在救国三人行

爱国篇 AIGUO PIAN

这里要说的是三位徽州先贤的爱国故事。

一位是工诗善画的汪律本,西溪人,他出身于书香门第,但却淡泊功名,舍身救国,曾与一些同仁在南京组织强国会,旨在推翻清廷、抗御外侮,当时还曾组建一营新军,驻扎九江。一位是著名的国画大师黄宾虹,潭渡人,他与谭嗣同有过密切交往,对谭嗣同的杀身成仁深表钦佩,他自己在抗战期间也曾表现出高度的民族气节。还有一位就是现代教育先驱许承尧,唐模人,他在创建新安中学堂和紫阳师范学堂之初,就以"三义"训导学生,一曰爱国,二曰爱身,三曰爱时;他还强调三义之中,爱国为先。许承尧和黄宾虹早在师从江南大儒汪宗沂之时,就与汪先生次子汪律本结为志同道合的莫逆之交。

明清之际思想家黄宗羲有个石破天惊的论断:"为天下之大害者,君而已矣。"清光绪三十二年(1906),许承尧等创立的秘密组织就叫"黄社",意在秉承黄宗羲的民主思想,团结反清志士,响应孙中山革命。许承尧担任黄社理事主持社务,黄宾虹则担任黄社助理。黄社成立不久,许承尧就与汪律本商议,邀请陈去病等多名同盟会会员来新安中学堂和紫阳师范学堂任教,携手推进黄社组织发展,扩大反清救国宣传。在同盟会和黄社的宣传鼓动下,新安、紫阳二校的反清匡复思潮汹涌澎湃,广大师生反清救国的革命激情日益高涨。

光绪三十三年(1907),为了筹措黄社的活动经费,黄宾虹想方设法买进一些专门的机器设备,悄悄安置在自己的宅院里面,随即雇用多名工匠,开炉冶炼,铸造铜元。谁知这一行动引起了地方的关注,很快就有人向当局告密。那时担任安徽巡抚的满人恩铭,得知黄社的活动情况之后,大惊失色,张皇万分:"快!快!上奏朝廷,请旨查办。"那一天,省城、徽州两地,气氛异常紧张!幸亏当时参与编辑案件材料的布政使、提学官有意无意地拖延时间,致使恩铭的奏折当天未能发出。世事确有奇巧,难以常情预料!正当黄社将被查办的紧要关头,另一个爆炸性新闻公布于世。就在决定上报黄社案件的第二天,恩铭突然遭到义勇之士徐锡麟的刺杀而身亡!当时的巡抚衙门乱成了一锅粥,查办黄社的奏折材料被人一并烧毁。一桩惊天大案侥幸就此消失得无影无踪。

1930年许承尧所作《怀人诗》以及他在70岁生日所作组诗中,一再追忆了当时那场惊心动魄的反清斗争,诗云:"三五同心侣,公然妄有期。仰天阴部署,斫地恣酣嬉。犊笑初生猛,蚕忧破蜕迟。儒懦摹侠武,留一小崎岖。"又云:"紫阳君子泽,山月古城隅。哀痛标新帜,艰辛聚学徒。壬邪生构煽,名德费号呼。意外檄天幸,悬崖化坦途。"

点评

新学标三义,爱国列为先。同心创黄社,立志换新天。

——汪大白

同盟会中的程家柽

1912年11月28日，正当袁世凯的护卫队行经东华门时，突然发出轰隆隆的几声巨响，响声震荡着北京上空，传遍了大街小巷。在那剧烈的爆炸声中，护卫队的坐骑炸伤2匹，其余几匹四散逃奔，护卫队的士兵连同护卫统带也就是卫士长袁金标一共被炸死炸伤7人——不过令人遗憾的是，窃国大盗袁世凯侥幸逃脱。

这是谁搞的爆炸？！东华门是袁世凯日常出入的必经之地，发生在这里的爆炸当然不可能是偶然事件。袁世凯以及当局警方极度恐慌，大肆搜捕和枪杀革命党人和爱国人士。在这之前不久，清廷尚书铁良因为程家柽曾经写有奏疏规劝清帝退位，正在派人到处搜查程家柽；同时，肃亲王善耆认为北京革命活动总与程家柽有关，也在悬赏15000金捕杀程家柽。可想而知，东华门爆炸事件一旦发生，程家柽难逃干系！那一天半夜，突然有个日本人闯入程家柽家中，手持器械拼命击打他的脑袋，程家柽与之奋力搏斗，总算幸免于难。但是两天之后，又有警吏搜查了他的居所，并且搜获了一些证据，证明东华门爆炸事件果然就是程家柽率人所为。

程家柽，徽州休宁汊口人，是清末民国初期一位著名的爱国志士。早在留学日本期间，他就加入兴中会，公开反对清朝统治。回国之后他到处进行革命串联，策动反清武装起义，朝廷对他悬赏通缉。他再次东渡日本，与孙中山、黄兴等人组织同盟会，担任同盟会执行部外务科长。二次回国活动，又遭到军机大臣袁世凯的缉捕，于是第三次东渡日本。辛亥革命前夕，他又回国在北方四处联络，积极组织起义，有意策应北伐战争，一举光复北京，不幸因故失败。

辛亥革命爆发之后，袁世凯凭借内阁总理职位，一面出兵要挟革命党议和，一面挟制清朝皇帝退位，从中窃取了中华民国临时大总统的职位，乘机建立起他的北洋军阀政权。那个时候，程家柽一面谒见孙中山，具体揭发袁世凯的政治野心，一面发表题为《袁世凯黄粱梦》的文章，公开声讨袁世凯的窃国行径。

1913年，袁世凯派人在上海车站刺杀了宋教仁，阴谋推进复辟帝制。程家柽义愤填膺、怒不可遏，誓死要将反袁斗争进行到底。他说："我与袁世凯不共生死，不是他杀了我，就是我杀了他！"他再次潜入北京，组织铁血团，联合同仁2000多人，联系京外部分驻军，期望一举收取内外夹攻之效。当时他指派熊世贞赶赴日本长崎采购军火。不料熊世贞未及成行就在天津被捕，整个行动计划暴露，程家柽也随即被捕入狱。

袁世凯得知，程家柽曾经设计，通过厨子在膳食中投毒来毒杀自己，于是便诬陷程家柽计划投毒北京的自来水厂，企图毒杀全城居民。程家柽身陷牢狱，备受酷刑，始终坚贞不屈。在开庭审讯的时候，他大义凛然，慷慨陈词，一桩一件地列举袁世凯的种种祸国勾当，法庭上下闻之变色。法官秉承袁世凯的旨意，匆忙宣判程家柽死刑。1914年9月23日，程家柽在北京菜市口刑场英勇就义，年仅40岁。他的灵柩由他的胞弟运回徽州故里，墓葬临溪林竹村。1982年休宁县人民政府重新立墓碑，供人凭吊瞻仰。

点评

先生平生所为，从来不顾安危。既反清帝又反袁，犯险前行君为先。

——汪大白

"五四"的导火线由他点燃

第一次世界大战结束之后，1919年1月，美、英、法、日等国在巴黎召开"和平会议"，处理战败国与世界和平问题。作为战胜国，中国派出以外交总长陆征祥为首的代表团参加会议。鉴于当时代行外交总长职权的外交次长陈箓资历浅、声望低，难以应付外交大局，总统徐世昌便于1918年12月中旬设立外交委员会，聘请汪大燮出山就任委员长，"凡关于和会的各专使来电都由外交部送委员会阅核"。

汪大燮，黟县宏村人。他社会经历丰富，思虑周全，办事练达，一向以维护国家权益、擅长外交事务著称。当时为了维护中国的权益，汪大燮曾与熊希龄在外交委员会提出和会五大外交纲领，其中第一条就是"破除势力范围"，第三项便列有"铁路统一问题"，他们的意见很明确，就是要把握巴黎和会之机，将铁路管理权统一收归国有，打破帝国主义在中国划分的势力范围。1919年1月6日，这一提案在外交委员会一致通过之后，汪大燮立即亲手送交徐世昌，并由国务院电致巴黎中国代表团。不料，这一建议却因为交通总长曹汝霖等人的反对而被搁置。汪大燮对此表示气愤，便向徐世昌提出辞呈，徐世昌再三予以挽留。

中国社会对于巴黎和会寄予厚望，但是事实上巴黎和会是一次赤裸裸的分赃会议。1919年4月30日，英、法、美将德国在山东攫取的权利交由日本继承，并且将此写入和约。中国代表团围绕山东问题经过反复交涉最终失败，汪大燮主张中国政府应该旗帜鲜明地反对这样的和约，但是当时的总理钱能训却以密电形式，要求陆征祥在和约上签字。面对政府的软弱妥协和卖国行径，汪大燮当天就愤怒地宣布，结束外交委员会一切活动，自己坚决辞去委员长的职务。

回到家中，汪大燮内心的忧愤之情难以平息。他深知仅凭一己之力，已经无法阻止事态的发展，只有将事实披露于社会大众，才有可能维护国家的权益。如何揭露帝国主义的阴谋？如何揭露政府的卖国行径？他左思右想，想到了挚友蔡元培。1919年5月3日夜晚，汪大燮联系了北京大学校长蔡元培，商议如何应对中国外交失败以及政府密令签字的严重危机。蔡校长当晚9时在北大法科礼堂召开学生代表会议，公开和会实情，披露政府密令。于是群情激愤，很快将这些消息传遍北京各大院校，激起了广大师生反帝爱国的巨大浪潮。

1919年5月4日，北京大学等高校学生在天安门集会，高呼"拒绝和约签字""取消二十一条""外争国权，内惩国贼"等口号，中国人民反帝反封建的伟大革命运动由此爆发。随着"五四"运动的强劲发展，政府被迫撤销卖国贼曹汝霖、陆宗舆、章宗祥的职务，公开表态拒绝在巴黎和约上签字。

1921年7月，美国邀请中国参加华盛顿国际会议，目的是解决巴黎和会遗留的远东问题，抑制日本在中国的扩张势头。8月，汪大燮发起"华盛顿会议中国后援会"，出任该会理事。不久，他受聘担任外交部顾问，讨论华盛顿会议一切问题。这一次由于中国代表团策略得当，在华盛顿会议上取得少有的成功，迫使日本签署《解决山东悬案条约》，同意将山东交还中国。汪大燮为此作出了特殊的贡献。

点评

正如黑暗中的火光也能穿透黑暗，虽然你不在最为光明的阵营，但却同样彰显着爱国者的耿耿天良。

——汪大白

策划"三·一八"运动的徽州人

徐谦,歙县许村人,现代著名法学家、政治活动家,曾于1926年发动了震惊中外的反帝、反军阀的"三·一八"运动。

事件的起因是这样的。1926年3月12日,冯玉祥国民军与奉军作战期间,两艘日本军舰护卫奉系军舰进入大沽口并炮击国民军,造成守军死伤10余名。国民军开炮自卫还击,将日军舰逐出大沽口。事后日本以国民军破坏《辛丑条约》为由,与英、美等8国公使于16日向北洋军阀段祺瑞执政府发出最后通牒,限令48小时内答复。同时各国派军舰云集大沽口,用武力威胁北洋政府。这激起了北京各界人士的强烈愤慨。

3月16、17日,徐谦以国民党执行委员会代表的身份同李大钊领导的中国共产党北方区委开会商讨对策,决定组织各学校和群众团体于18日在天安门集会,共同抗议"八国最后通牒",维护国家尊严,并推举徐谦为大会主席。这是国共两党最早联合进行的一次反帝反军阀斗争。

18日上午10时,国民党北京执行部、北京市党部,中共北方区委、北京市委,北京总工会,学生联合会等团体与80多所学校共约20000人在天安门召开"反对八国最后通牒的国民大会"。

大会主席徐谦主持大会并发表慷慨激昂的讲话。徐谦在讲话中提出:(一)帝国主义者已结成联合战线向我国进攻,我们爱国同胞必须结成联合战线起来反抗,再不可自相分离,不可你抱一主义他抱一

徐谦在"三·一八"集会上发表演讲

主义,互相冲突,互相抵消。不能结成联合战线,反使帝国主义猖狂。我们应认定唯有孙中山主义可以结成联合战线打倒帝国主义。(二)《辛丑条约》根本无效,它是帝国主义者在亡清时屠杀中国人民、利用亡清帝后做工具所订的,自从中华民国成立以来,我们人民是绝对不承认的。(三)民国不惧外兵来攻。各国通牒的恐吓,就是要用海军来攻,但我们不但不怕各国海军,就是各国陆军一并加上也不足怕,而且还要取得最后胜利。(四)《辛丑条约》关系国本有俄、德、奥在内,但此次各国通牒并无俄、德、奥等共和国加入,从这点我们可以看明孰为友邦、孰为敌国。我们再不可受帝国主义捏造假名词"赤色帝国主义"的煽动,世界上只有帝国主义,并无"赤色帝国主义",切勿受愚。(五)帝国主义最凶的,在南有英国,在北有日本。南方广东有国民政府做大本营,反抗帝国主义。英国无可奈何,所以与日本联合先打国民军,后再打广东,这是他们的阴谋。我们愿警告其他国家千万别受英、日愚弄。徐谦的讲话有礼有节,现场群情激愤。大会最后决定:"通电全国一致反对八国通牒,驱逐八国公使,废除一切不平等条约,撤退外国军舰,电告国民军为反对帝国主义侵略而战。"

大会结束后,约2000人组成的请愿队伍由李大钊率领,按预定路线进入铁狮子胡同东口,在段祺瑞执政府门前广场请愿。徐谦因主持大会情绪过于激动，加上劳累过度导致身体抱恙，中途退出，但他女儿徐英作为燕京大学学生参加了请愿活动。

现场请愿群众公推代表交涉，要求段祺瑞和国务总理贾德耀与代表见面。段祺瑞命令预伏军警以武力驱散请愿队伍，造成当场死亡47人、伤200多人的惨剧。李大钊和陈乔年也负伤。当时枪声响起后，徐英便随着几个同学向院内南侧的马厩跑去。突然迎面冲来几名士兵向他们开枪射击，她应声倒下，所幸未被击中，但浑身溅满了鲜血，眼前是横七竖八倒在血泊中的死伤者，后来她在一男同学连拖带拽下爬起向西门跑去才得以逃生。

惨案发生第二天，徐谦等在李大钊住处举行了紧急的联席会议，并将国共两党的领导机关迁入苏联大使馆内，继续坚持斗争。

惨案发生后，段祺瑞以徐谦、李大钊"假借共产学说，啸聚群众，屡肇事端"为由，通缉徐谦、李大钊等五人。段祺瑞政府在强大的民意压力下于4月倒台。

点评

反"最后通牒"，争国家尊严；掀"三·一八"运动，推北洋政府倒台。

——吴兆民

"为了中国而死的中国的青年"

被鲁迅称为"为了中国而死的中国的青年"的歙县人刘和珍,是一位积极进取、胸怀大义和英勇无畏的热血青年。

1926年3月12日,日本军舰驶入我大沽口挑衅,继而联合英、美等八国借口国民军违反《辛丑条约》,向中国政府提出无理要求,并发出最后通牒,激起了全国人民的强烈愤慨。3月16、17日,以徐谦、李大钊主导的国共两党负责人决定于3月18日联合社会各有关团体与80多所学校共约20000人,在天安门召开"反对八国最后通牒的国民大会"。

作为北京女子师范大学学生自治会主席的刘和珍,置自己家境困难与个人利益而不顾,充满义愤地说:"外抗强权,内除国贼,非有枪不可。军阀不倒,教育事业就搞不好。打倒军阀后,我再当教师不迟。"她毅然组织动员学生参加集会,到学生寝室通知各班学生做好集合准备,对于少数不准备参加集会的同学,她耐心劝说。受其感召,女师大学生全部参加集会活动。

18日上午,刘和珍不顾自己正患重感冒的病痛,指挥女师大学生前往天安门集会。集会结束后在李大钊率领下,又前往段祺瑞执政府门前广场请愿。刘和珍一面把标语小旗分发给大家,一面高擎校旗带队前往请愿,一路上指挥高唱《国民革命歌》,并不断大声呼喊"打倒帝国主义"等口号。

到达执政府前,游行队伍推举代表要求面见段祺瑞和国务总理贾德耀，表达抵制外侮意愿。段祺瑞不但拒绝了要求，还命令预伏军警以武力驱散游行队伍，结果造成当场死亡47人、伤200多人的惨剧，刘和珍即是死者之一。刘和珍当时见现场出现异常后，就在政府东辕门前组织学生撤退，不想子弹从她右肋射入，斜穿心肺，自左腑穿出，血如泉涌，使她扑倒在地。但她仍挣扎着向外爬行，同学张静淑、杨德群急扑过去救助，也被枪弹击中倒地。这时一个军警追上去恶狠狠地用木棍乱击刘和珍头部，导致她最终身亡，年仅22岁。

惨案发生后，段祺瑞执政府嫁祸反诬徐谦、李大钊等人假借"共产学说"谋乱，下令通缉徐谦、李大钊等人。4月，在强大的民意压力下，段祺瑞执政府被迫颁布对死难者家属"抚恤令"，段祺瑞执政府倒台。

鲁迅义愤填膺，称惨案这一天为"民国以来最黑暗的一天"，并以"离奇的愤怒"写下了"长歌当哭"的《记念刘和珍君》一文，痛悼这位"始终微笑和蔼"的学生，歌颂她拥有"虽殒身不恤"的"中国女子的勇毅"，赞扬她是"干练坚决、百折不回"的"真的猛士"，是"为了中国而死的中国的青年"，号召"真的猛士，将更奋然而前行"。

点评

胸怀大义，英勇无畏；为国捐躯，青年楷模。

——吴兆民

为抗战高歌的音乐家

著名音乐家张恩袭,为歙县柔岭下人。他早在中学时代就已是忧国忧民的热血青年。他在《民国十五年五月卅日书感》一文中愤怒痛斥当时统治者的腐败;在《衢城秋望记》一文中,直抒爱国情怀,并从此以国家主人身份,投入反帝反封建的洪流之中。

1927年,张恩袭考入上海艺术大学音乐系学习,不久转入上海音乐学院。张恩袭先后参加了"南国社""左联""中国新兴音乐研究会"等革命文艺家荟萃的重要团体,与田汉、洪琛、聂耳、冼星海等师友在中华民族最危险的时刻,用歌曲吹响了抗战的号角。

张恩袭于1930年10月因参与革命文艺活动被捕入狱。为了抗议反动监狱对难友的非人待遇,他领头绝食,在酷刑折磨下保护战友。1932年他被田汉等人营救出狱,后加入中国共产党,并改名张曙。这一年,张曙与聂耳、任光等组织了左翼音乐团体"苏联之友社"音乐小组,并积极投入革命音乐活动。每次演唱会和群众性活动他都演唱抗日救亡歌曲。一次他在南京演唱冼星海创作的《莫提起》,台下观众感动得流下热泪。冼星海到后台找到他,紧握着他的手说:"好!唱得真好!没想到你把这首歌唱得这样感动人!"

1938年2月,张曙来到武汉,与冼星海等人发起组织"中华全国歌咏协会",并加入国民党军事委员会政治部第三厅工作,组织抗日歌咏运动并创作抗日歌曲。他们在武汉举行了"抗战扩大宣传周""七七抗战周年纪念歌咏火炬游行""抗战献金音乐大会"等大规模群

全国歌咏协会筹备委员会成员合影(前排右二张曙,后排左一冼星海)

众性音乐歌咏活动,张曙每天兴致勃勃地到武汉三镇各团队教唱新歌,使抗日歌声响彻武汉三镇。他时常在万人歌咏大会上任总指挥,在游行队伍中高擎大旗走在队伍前面。有朋友好心劝他"不要老站在队伍的最前列",他慨然笑着说:"总要有人在队伍前头嘛!"

1938年12月张曙随第三厅迁往桂林,继续坚持抗日救亡音乐活动。他不顾日军飞机时常轰炸的危险,发动和组织了大规模的"桂林反轰炸歌咏大会"。24日中午1时,在日军飞机的狂轰滥炸中,张曙和爱女在万寿巷家中不幸遇难,年仅30岁。在清理遗物时,从他身上找到的是一首刚刚写成的《负伤战士歌》。

张曙在短暂的一生中,创作歌曲200余首,其题材大多表现中国人民反侵略、反压迫的斗争精神,音调富有浓郁的民族风格,其影响深远的主要代表作有《丈夫去当兵》《日落西山》《赶豺狼》《洪波曲》《还我山河》等。周恩来曾高度评价张曙的历史功绩:"张曙先生和聂耳同为中国文化战线上的两员猛将""给全民的抗战起了很大的推动作用""这功绩是永远永远不可磨灭的"。

点评

为正义而战,为正义而歌;文化战线的猛将,人民心中的丰碑。

——吴兆民

孤悬敌区的地下党员

吴承仕，歙县沧山源人，近现代著名经学家、古文字学家、教育家，历任北京师范大学中文系主任，中国大学国学系主任，兼北京大学、东北大学和民国大学教授。

1927年4月，吴承仕得到奉系军阀张作霖在北京残忍杀害李大钊等革命志士的噩耗，不胜悲愤，随后辞去司法部佥事之职，从此专事国学研究和教育工作。

"九一八"事变后，反动当局以武力镇压进步学生运动，搜捕共产党人。吴承仕进一步认清了当局的面目，在担任北京师范大学教授会主席后，主持全体会议一致通电南京政府，要求抗日救国。他密切关注进步青年的抗日救亡斗争，慷慨解囊资助出版进步文艺书刊。与此同时，吴承仕更加系统阅读马列主义著作，不仅笃信马克思主义，而且逐渐学会了运用马克思主义观点指导治学与教学。在他的倡导下，中国大学国学系改革课程设置，增设社会学、新俄文学选读等新课程，并以历史唯物主义观点讲授"三礼名物"等国学知识，成为我国第一位用马克思主义观点从事经学研究的学者。

1935年，吴承仕先后创办《时代文化》《盍旦》等进步刊物，借古讽今，针砭时弊，揭露反动派罪行，宣传抗日救国活动，激励人民的爱国热情和抗日斗志。

"一二·九"爱国运动爆发以后，吴承仕积极支持学生开展自治会活动，和青年学生一起到西山樱桃沟露营，发表演说，激发青年的爱国热情。他发起北平文化界救国会，支援上海文化界著名人士组织救国会的抗日组织。他委托时任国民政府铁道部副部长的妻弟张翰飞营救被捕学生及北平女师大校长。1936年暑假，吴承仕倡议在新生入学考试时为吸收进步学生创造条件，亲自为国文试卷出题并口试、评卷，特别留意具有进步思想倾向的学生。

1936年秋，吴承仕秘密加入中国共产党。他更加积极参加中共北平地下组织领导的抗日救亡运动，也因此被日伪特务机关列入"黑名单"。1937年北平沦陷后，在中共地下党组织安排下，他转移到天津继续秘密联络进步人士，从事抗日救亡运动。1938年初，他拒绝日本帝国主义者唆使文化汉奸逼迫充当北平师范大学校长一职。

1939年夏秋之交，天津遭受水灾，吴承仕生活艰难，加上染患伤寒，陷于贫病交加的绝境。后吴承仕病情危重，转入北京协和医院救治，后因救治无效逝世。

吴承仕逝世后，延安各界举行追悼大会，毛泽东送挽词"老成凋谢"，周恩来撰送挽联"孤悬敌区，舍身成仁，不愧青年训导；重整国学，努力启蒙，足资后学楷模"，高度评价他为革命事业作出的重要贡献。

点评

孤悬敌区，舍身成仁，不愧青年训导；重整国学，努力启蒙，足资后学楷模。

——吴兆民

跨越五大洲的呐喊

人民教育家陶行知于1936年7月初,借出席世界新教育会议之便,以国民外交使节身份前往欧、美、亚、非宣传中国人民的抗日救国主张,发动侨胞共赴国难,争取世界正义力量援助中国的抗战事业。

1936年7月16日,陶行知应邀到新加坡青年励志社演讲,他告诫华侨"中国的敌人不是日本人,是日本帝国主义,日本军阀",认为中国的出路在于"有笔杆的人,就要用笔杆来抵抗;有钱的人,就要用钱来抵抗;有主义的人,就要用他的主义来抵抗。无论是经济、文化,还是武力都可以抵抗,都应该抵抗"。

9月3~7日,陶行知作为中国代表团主席,参加在布鲁塞尔举行的世界和平大会第一次会议。会前他同与会代表起草了《告和平与中国之友》,呼吁"一切国际联盟的会员国,都有援助中国反对侵略者的机会""世界上爱好和平的人们应表示其国际团结,以援助中国全民解放运动"。

9月20日由陶行知等人倡议发起的全欧华侨抗日救国大会在巴黎召开,英、法、德、瑞士、荷兰等国侨胞代表及各地来宾400余人与会。陶行知在会上强调:要在战斗上取得联合,作战和团结的中心是打倒日本帝国主义。

1937年7月30日晚,在美国洛杉矶医疗局举行的欢迎宴会上,充满国际主义精神的白求恩大夫一听说陶行知来自中国,立即伸出手来说:"如果需要,我将愿意到中国去!"后两人又作了长谈,陶行知欢迎他支援中国的抗战事业。1938年4月24日,陶行知在加拿大多伦多华侨统一抗日救国总会上得到白求恩大夫正率领医疗队赴延安的消息,激动地流下了热泪。

1937年12月6日,陶行知征得杜威博士同意草拟《杜威宣言》,并征求甘地、罗曼·罗兰、罗素、爱因斯坦联名,于12月8日共同发表宣言:支援中国抗战,谴责日本侵略,呼吁对日禁运。这一宣言产生了世界性影响。

1938年8月9日,陶行知拜访印度著名作家和社会活动家泰戈尔。泰戈尔说:"日本军阀狠毒地残杀中国人,令我十分愤慨,我更是无时不在思念中国。"又说:"您不仅是一个很有创造力的教育家,也是一个勇敢的出色的反法西斯斗士。您这次访问20多个国家是为国际反侵略运动作出贡献的。"

1938年9月1日,陶行知回到香港,香港各界举行欢迎会。陶行知在会上做了题为《国际形势与中国抗战》的演讲:"决定最后胜利的因素是我们团结到底,奋斗到底,抗战到底……中国的唯一办法就是:中国人联合起来,打倒日本帝国主义!"

陶行知历时两年零一个月,行程十余万公里,到了26个国家和地区,赢得了世界人民的广泛同情和支持。

陶行知,伟大的爱国主义者。

1937年秋,陶行知在墨西哥演讲,宣传抗日

点评

救亡图存,为国呐喊;汇聚力量,涉足五洲。

——吴兆民

新四军从岩寺出征

新四军在岩寺的故事,是徽州人耳熟能详的故事,也是徽州人引以为傲的故事。

1937年12月国民党与中共达成协议,建立国民革命军陆军新编第四军,以利开展抗日游击战争。随后在南昌正式成立新四军军部,由叶挺任军长,项英任政委、副军长,张云逸任参谋长。中共中央成立东南分局和中央军委新四军分会,项英为分局和军分会书记,陈毅为军分会副书记。

1938年1月初,陈毅率军部一行十余人先期到达屯溪,为部队安全顺利集结和军部由南昌迁岩寺作周密安排。新四军在岩寺集结,是为了接受国民党第三战区的点验及加强军政、军事训练,为奔赴抗日前线、抗击日本侵略军做战前准备。

阳春三月,南方八省红军游击健儿分三个支队分别到达岩寺。首先到达的是第一支队,司令员陈毅,副司令员傅秋涛,下辖第一团和第二团,驻岩寺附近的潜口;随后到达的是第三支队,司令员张云逸,副司令员谭震林,下辖第五团和第六团,驻西溪南;最后到达的是第二支队,司令员张鼎丞、副司令员粟裕,下辖第三团和第四团,驻琶塘、琶村。军部机关、特务营及战地服务团于4月5日到达。三个支队连同军部机关及特务营共7000余人。

新四军到达岩寺时正值春耕时节。军部和支队领导带头参加地方劳动,战士三五成群分散到各农户家帮助耕田、插秧、提水、打柴。

军部还帮助地方建立"皖南青年救国会""歙县青年工作团""歙县妇女抗敌后援"等抗日群众团体。军部战地服务团在这里演出《放下你的鞭子》《火烧东洋鬼》《大战罗店》等文艺节目，叶挺、陈毅经常到群众中一同观看。军部还办起了农民夜校，让经济困难的农民子弟就读，课本由政治部编写。新四军的到来，为徽州腹地的岩寺带来了崭新气象，也带来了抗战胜利的希望。

文峰塔下、凤山台前，军事训练在这里一一展开。官兵们在这里演练射击、投弹、刺杀和爆破技术，采用群众性练兵方法，官教兵、兵教官，各连、排之间进行竞赛。为加深与国民党友军的联系，叶挺亲自主持召开营以上干部会议，邀请国民党驻棠樾的第十九集团军总司令罗卓英讲授抗战经验与教训。

经过一个多月的强化训练，新四军各部的军政、军事训练结出了硕果，从4月20日开始在凤山台下对各支队一一点验。点验委员、第三战区司令长官顾祝同的全权代表、总参议上官云相来到现场，叶挺军长身穿中将服，手戴白手套，拄着手杖，陪同登上点验台。

4月26日叶挺、项英在岩寺鲍家祠堂主持召开北进敌后、坚持抗战的誓师大会。会后从三个支队中抽集部分战斗骨干，组成500人的抗日先遣队，粟裕任司令员、钟期光任政治部主任，4月28日从潜口出发，揭开了新四军东进抗日的序幕。

5月1日军部下达直属部队出发命令，一队又一队身着灰色军装的战士，从岩寺出发奔向前线：一支队奔赴苏南茅山地区开辟抗日根据地；二支队挺进苏南，在江宁、当涂、溧水、高淳地区完成战略展开；三支队先策应第一、第二支队挺进苏南，于7月进入皖南前线作战。

"八省健儿汇成一道抗日的铁流"，这是《新四军军歌》中的一句歌词。是的，南方八省红军游击队在这里整编为国民革命军陆军新编第四军，不但对皖南地区的抗日救亡运动起了重要推动作用，更为在苏皖鲁开辟建立抗日游击根据地奠定了基础。他们在新四军的旗帜下浴血奋战,铁军威名传遍中华大地。

点 评

新四军在这里整编,在这里成军,在这里出征,成就了一个抗日铁军的威名。

——吴兆民

新四军的"义务兵站"

春天的麻川河春意涌动，烂漫的山花渐次盛开。新四军太平麻村兵站与小河口兵站之间的太平县三门村刘敬之，于2月22日接到麻村兵站打来的电话，说明天叶挺军长一行路过三门，要在他家吃午饭。虽然他时常接待新四军人员，但叶军长的到来，让他非常高兴，便提前做好接待准备。

刘敬之是太平县第一茶商，除在本地开设茶庄外，还在南京、扬州等地开设茶行，又是村中抗日民主人士，时任三门乡抗日联保主任。

刘敬之家是两个兵站之间的中转站，是新四军军部通往皖浙赣的必经之地。一开始刘敬之对官兵来往食宿不收费，新四军不同意不收费，规定一宿两餐收费一角。叶挺、张云逸、陈丕显等多次在此食宿，并接待国际友人。刘敬之拥护共产党的抗日主张，曾组织竹筏队由水路为新四军运送物资，他家被誉为新四军的"义务兵站"。

第二天，天气晴朗，临近中午时分，叶挺军长一行骑马到来。周恩来一身戎装，英俊威武。刘敬之儿子刘旭初问："贵客姓什么？"周恩来答："姓周。"刘马上说："你是周恩来先生？"周反问道："你怎么知道？"刘答："从《新华日报》上看到你发表关于保卫武汉问题的谈话，那上面有你的照片。"周又问："你这里还有《新华日报》？"刘答："是新四军政治部秘书长黄诚带来的。"周恩来便向他询问了当地的抗战动员工作和茶叶生产情况。

1939年春,周恩来副主席和叶挺军长在黄山太平

饭后,周恩来、叶挺一行向刘氏父子告别,乘上竹筏,顺青弋江东下前往泾县云岭新四军军部。

周恩来在新四军军部进行了20天的紧张工作,在此传达中共中央指示精神,作了《目前形势和新四军的任务》的重要报告,为新四军发展壮大指明了方向。

3月15日,周恩来一行十余人又经过三门村刘敬之家并用餐。刘敬之特意用太平猴魁招待周恩来,并请周恩来题词留念。周恩来慨然应允,稍加思索,欣然命笔:

绥靖地方,保卫皖南;为全联导,为群众倡。

民国二十八年三月十五日因抗战机缘来皖南,道出三门,两遇刘主任及其公子,谈及捍卫乡里,驱逐日寇,大义凛然,亟可钦佩,爰书此应敬之主任及公子旭初先生之属。

题词后,周恩来又同刘氏父子谈了全国抗日战争形势。刘敬之深有感触地说:"将来的天下,一定是共产党的!"

周恩来离开前，拿出20元作为饭钱交于刘敬之。刘敬之执意不收，周恩来非给不可。这时刘旭初出了个主意："那就把这钱捐给三门小学吧。"周恩来表示同意。

刘旭初有感于周恩来平易近人，便大胆提出要随他到延安去。周恩来说："这里有新四军，你跟新四军一样。"后来，刘旭初投笔从戎参加新四军，走上了革命道路。

皖南事变后，刘敬之掩护、收留失散的新四军指战员，收养新四军干部孩子。为此，国民党太平县政府先后四次逮捕他。在狱中，刘敬之不畏强暴，大义凛然，与国民政府进行针锋相对的斗争。1945年10月为躲避又一次搜捕，刘敬之只身逃往南京避居。后在南京经营茶叶生意，并任南京茶公会主席，为太平县茶叶的销售和发展作出了重要贡献。

点评

绥靖地方，保卫皖南；义务兵站，光照后人。

——吴兆民

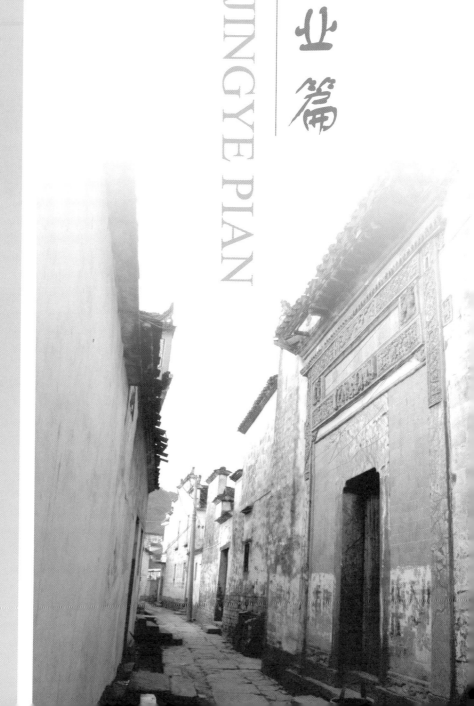

敬业篇
JINGYE PIAN

徽州故事

导　言

"敬业者，专心致志以事其业也。"这是徽州先哲朱熹对敬业的最好概括。古往今来，事业上凡有成就者，总是离不开这样基本的两条：一是强烈的事业心和责任感，二是锲而不舍的勤奋和钻研精神。这两条的紧密结合，即为敬业精神。

早在春秋时期，孔子就主张人的一生始终要勤奋、刻苦，为学业和事业倾心尽力。他在《论语》中强调"执事以敬""敬事而信"，就是强调为人必须敬事其业，必须思想专一、态度真诚、行为认真地对待自己的学业和事业。

中华民族历来就有恪尽职守、敬业奉献的传统美德，勤事敬业、利国利民也是徽州人民自古至今世代相继的优良传统。

徽州商帮鼎盛于明清两朝，称雄天下300余年，固然有着特殊的社会和历史条件，但是决定性的主体因素在于他们具有坚忍执着、百折不挠的创业精神。"一贾不利再贾，再贾不利三贾，三贾不利犹未厌焉"，这既道出了徽商创业的艰辛，也揭示了徽商成功的奥秘。

新安医学能够成为中华中医的"硅谷"，正是由于这里涌现了大批仁心济世、医术精湛的热血男儿。有道是："闻道有先后，术业有专攻。"在新安医家的心目中，无论从事何术何业，都应该全力专攻以求极致。他们的人生信念是"不为良相，即为良医"，然而有谁知道，世代从医的新安人，就为这个"良"字，付出过多少心血和汗水!

　　徽州学术历来为世人所瞩目。宋朝理学的集大成者朱熹、清朝乾嘉学派的泰斗戴震、近代新文化运动的旗手胡适,都曾得时代风气之先,为徽州学术赢得过莫大的荣誉。而以他们为代表的徽州学者,传承着求真求是、敬业乐群、勇于奉献的学术传统,这种优良传统至今蔚然风行,经久不衰。

　　徽州科学星光璀璨,所有卓越的成果都由敬业而获得。"胆水浸铜"堪称世界化学史上一大发明,宋朝张潜和他的儿子张磐、张甲以及曾孙张焘,直到他们的后人元朝张理,前后几代人为此不遗不弃持续努力,令人感佩。明朝著名数学家程大位,孜孜不倦地钻研40年,终于集古代算法之大成,其巨著《算法统宗》传播中外。

　　辉煌的业绩长存历史,可贵的精神流传至今。绩溪牛"一犁到塝不回头"的执着精神,徽骆驼"负重跋涉不辞劳"的实干精神,戴东原"打破砂锅问到底"的学术精神,张小泉"精益求精出精品"的工匠精神……所有这一切,总在激励我们更加勤勉、更多奉献,奋力推进我们民族复兴的伟大事业。

朱熹为官深爱民

南宋绍兴二十三年（1153）朱熹被派任泉州同安县主簿，从此开始仕途生涯。朱熹一生虽然为官时间不长，但总是努力设法缓和社会矛盾，为百姓做了一些好事。乾道四年（1168），崇安因水灾发生饥荒，爆发农民起义。朱熹主张设"社仓"，目的是为了防止地主豪绅在灾荒时期用高利贷剥削农民，无疑是有惠于民的。朱熹一方面力劝豪绅发藏粟赈饥，另一方面向官府请贷粮食600石散发于民。淳熙五年（1178）朱熹"知南康军"（南康为今江西星子县一带），上任不久南康就发生旱灾，朱熹一面着手兴修水利，抗灾救荒，一面上疏要求减免租税。同时，请求政府兴修长江石堤，一方面解决石堤失修问题，另一方面可以雇用饥民，解决他们缺粮问题，受到饥民们的一致好评。

福建漳州号称"海滨邹鲁"。绍熙元年（1190），61岁的朱熹知漳州，大力整治民风，实施变革，使得漳州风气大为好转。时值土地兼并盛行，官僚地主倚势吞并农民耕地，而税额没有随地划归地主，致使"田税不均"，失地农民受到更为沉重的剥削，阶级矛盾激化。为此，朱熹根据孟子"仁政必自经界始"的思想，提出"经界法"，即核考实际田亩，随地纳税。这一建议势必减轻农民负担，损害大地主的利益，所以遭到后者的强烈反对。反对势力纠集力量不惜罗织莫须有的罪名，甚至抛出"寡妇怀孕""调戏尼姑"等诽谤言辞攻击朱熹。由于复杂的宋朝官场倾轧，"经界"新政未能推行，朱熹愤怒不

朱熹塑像

已,辞职离去,以示抗议。

具有道学傲骨、强烈忧国忧民之心的朱熹,一生在官场上因品性耿直而得罪权臣,致使晚年落得一个悲剧的下场。当然,这也是封建制度下正直官吏的必然结果。

点评

敬天、法祖、宽仁、爱民的思想是中国儒家知识分子为官的核心价值观,朱熹可谓是这个团队的杰出代表。

——毕民智

祖孙几代专于一事

很早以前,我国劳动人民就发现:将金属铁放入一种蓝色如胆的天然泉水之中浸泡,就可以得到金属铜。这种利用化学性质活泼的金属铁,从含铜离子的硫酸铜矿体溶液"胆矾"中把铜置换出来的化学置换反应,在西汉淮南王刘安的书中就有记载,说是"青白得铁,即化为铜"。历代的炼丹术士都痴迷于"化铁为铜""点铁为金"的秘法,把科学弄得神神秘秘。而将其发展成"胆水浸铜法",从自然界获取铜原料,实现水法冶金的突破,创造世界化学史上之重大发明的,就是宋朝徽州婺源甲路的张潜和他的儿子张磐、张甲。

张潜当年在江西德兴管理胆水炼铜工场。他在长期的实验和观察中,发现历来的术士,虽然都痴迷点金之术,却不知其中的究竟,只会在火中求之,其实"化铁为铜"关键是要在野外大自然中找到适合浸铜的"胆水"。张潜把自己的发现告知大儿子张磐,要他在德兴山川特别留意寻找"胆水"。张磐遵父亲所嘱,不辞辛苦,不顾劳累,登山临水,攀岩探洞,通过在乡间寻访了解,实地勘察调查,终于在几个地方找到了流"胆水"的洞口。张磐在"胆水"穴前,捧了一点放在嘴里尝了一下,有浓厚的"胆矾"味道,于是取了一些回来,按祖上传下的炼铜秘籍所记载的方法,进行"浸铜"实验,把铁放入这种"胆水"中,浸了没多久,果然出现了铜,实验成功。张潜觉得用胆水可化铁为铜,方法简便,利国而惠民,完全可以作为新的冶金方法推广。张潜一面让小儿子张甲把自己的实验总结《浸铜利便》献给朝廷请求推广，一面让大儿子张磐在进行胆水浸铜的同时，归纳总结，"条叙本末"，得出12条浸铜之法。父子一边炼铜，一边思考讨论，探析胆水浸铜的原理和具体操作方法，终于写成了《浸铜要略》一书，上下两卷。这是世界上第一部详细记载胆水浸铜水法冶金发明的专著。此书得到朝廷的肯定之后，德兴、信州等各地都争相用此法浸铜，成本低，产量大，"胆铜"一度成为国家做铜钱的主要原料。

历经战乱，《浸铜利便》《浸铜要略》已经几乎失传，而张潜的曾孙张焘在"煨烬之余"好不容易保住了此书，为了使这一"旷古所无之事，千圣不传之秘"传于后世，成为"万世无穷之利"，张焘继承祖辈遗志，重新刊刻了《浸铜要略》并写了后序，介绍其祖张潜父子发明胆水浸铜法和写书情况。此后，过了近200年，元朝张潜的后人张理再次向朝廷献出了所收藏的祖传《浸铜要略》，胆水浸铜法重新被采用。张潜家族几代人为利国惠民的胆水浸铜法念兹在兹，讲之精，虑之熟，持之久，"专于一事"，功莫大焉。

点评

只要能利国惠民，几代人都要接力专一去做。徽州先贤的家国观、义利观可敬可赞。

——方利山

岩寺有个"舔破哥"

明正德年间,徽州岩寺有一个叫唐皋的读书人,少年时家里贫穷,而读书非常勤奋刻苦。他才思敏捷,写文章一气呵成,文不加点。有一点改动,就抛开文稿重新来一篇。自负有些才气,志得意满,觉得一定可以在科举场中一鸣惊人。谁知时运不济,也许是时文不对路,没有摸对门,每次参加科举考试,都是"名落孙山",失意而归。唐皋不甘心,届届都参考,从少年考到青年,从青年考到壮年,可就是考不中。在这令人沮丧的时候,社会上有人还编了几句顺口溜讥嘲他:"徽州有个唐皋哥,一气乡闱走十科。解元收拾荷包里,其奈京城剪绺多。"意思是徽州的唐皋哥啊,一口气就考了十科,已经都把解元收入囊中了,只可惜京城里剪径强人多,桂冠又给抢走了。唐皋哥啊,干脆叫"落第哥"算了吧。面对讥嘲,"落第哥"唐皋没有灰心丧气,而是更坚定了苦读的决心。他学习古人"头悬梁、锥刺股"的精神,闭门苦读,还在书桌后墙壁上写道:"愈读愈不中,唐皋其如命何!愈不中愈读,命其如唐皋何?"我"落第哥""愈不中愈读",命运能奈何得了我吗?乡里人看他"愈不中愈读",钦佩他百折不挠的执着精神,"落第哥"又在乡里得了一个"愈读哥"的美名。

传说唐皋在挑灯夜读时,有一位美女故意来试探唐皋的定力,看看他在外界干扰下能不能把持得住。这位美女在夜深人静的时候,悄悄来到唐皋窗下,屡次将窗户纸舔破,在唐皋面前,扭捏作态。而唐皋，一点不为所动，从容把被舔破的窗户纸重新补好，还在窗纸上写道："舔破窗纸容易补，缺损阴骘最难修。"一个和尚知道了这件事，给唐皋赐了个"舔破哥"的雅号，并认定唐皋会有大前途。

唐皋故里岩寺一角

唐皋心无旁骛，发奋攻书，满腹经纶，于正德九年（1514）科考时一展才华，成了当时轰动徽州的"状元哥"。

"状元哥"唐皋当官以后，议朝政智慧而稳重。任主考官、出使朝鲜，都能公正、廉洁。

点评

"落第哥""舔破哥""愈读哥""状元哥"，执着坚持终有获，功夫不负有心人。

——方利山

发愤学艺称国手

查鼐又叫查八十，是明朝休宁北门人，跟着父兄在外做生意，爱好古乐曲艺。一次在毗陵（常州一带）酒馆设宴待客，查八十以乐器弹歌为客人助兴，在场弹琵琶的艺伎却讥笑查八十："这样的水平也敢出来献丑？"查八十受到很大的刺激，说："我以后不把琵琶学得最好，誓不为人！"

查八十得知安徽寿州的钟秀之，是师承著名琵琶高手张六老及谢彦明的琵琶国手，以善弹琵琶、三弦闻名天下。还曾经被明武宗诏入宫内，传授琵琶技艺。查八十千里来到寿州，拜访钟秀之。钟秀之说："我听说查八十以爱好琵琶闻名江湖，今天他来拜会，非要他称学生，我才见他。"查八十说："我确实是冲琵琶国手钟秀之大名而来，但并不知果真名副其实。如真是琵琶技艺高超，再称'弟子'不迟。"钟秀之取来琵琶，在照壁后弹起一曲，曲没弹完，查八十就一头拜倒，"膝行而前"，诚心要以钟秀之为师。查八十以千金为钟秀之庆寿，早晚恭敬服侍师傅，虚心学习琵琶技艺，领会其中奥妙，"日夜不绝音"，几个月下来，不但把钟秀之的琵琶绝活学到手，而且青出于蓝而胜于蓝，"抑扬按捻擅奇妙，从此人称第一声"。查八十也因此和唐伯虎等人成为布衣之交。当时人们形容查八十弹琵琶是"回飚惊电指下翻，三峡倒注黄河奔；尘沙黯黯吹落月，千山万骑夜不发"，文人名士都感叹："年来匹马走燕云，听尽琵琶尽让君。"

点评

徽州人崇尚自强不息，百业百行勇往为先，精益求精，商则学子贡，医则为华佗，学琴成国手，查鼎"第一声"。

——方利山

吴崐拜师七十二

吴崐，明嘉靖年间歙县澄塘人，出身于医学世家，从小就痴迷祖辈传下的新安医学知识，15岁跟着父辈学医出诊，三年里苦钻医理，博览医书。为了打好专业基础，吴崐包袱雨伞、风餐露宿，游历了全国许多地方。只要一听说哪里有著名的医生，有自己仰慕的医学专长，他就会立即赶到哪里，求人托情，花钱费力，在所不计，想尽办法，拜在名医门下，虚心求教。就这样，他竟先后拜了72个医学名师。吴崐在这些中医名家的传教中，临床实践，大开眼界。他广采百家之长，兼收并蓄，医术精进。先后到宛陵（今宣城）、姑溪（今当涂）、和阳（今和县）等地行医，救死扶伤。吴崐在众多老师的指导下，对《黄帝内经·素问》等中华医学经典研究得很深很透，医学理论和临床经验都很丰富，还专门写就了《素问吴注》一书，对《黄帝内经·素问》作了深入研究，充实了前人注文的内容，纠正了前注的错误，准确注读原文，有独到之处。吴崐把医理、医技结合，诊治精准，医人无数，患者感激，群医折服，送了吴崐一个"参黄子"雅号，称赞吴崐参透洞悉了黄帝经典的奥旨。

吴崐沉潜在自己的事业中，用了10余年时间，搜集了700多个医方，深入推敲研究，详作考证辨析，编成一本《医方考》，这本书分6卷73门，每门先说病因，再列治病方剂，说明适用的征候与用法，标明注意事项。此书对每一药方都有方解和考证，让读者可溯源、得要领。《医方考》精华实用，不但在国内医界广为传颂，在日本等国都早有刻本流行。吴崐精研新安医学，还写有《针方六集》《脉语》等医书，《针方六集》是吴氏晚年集中华古代针灸医术之大成，结合自己实践经验的结晶。

点 评

新安医学能成为中华中医的"硅谷"，是由于这里多有吴崐这样的让人油然生敬的徽州男儿。

——方利山

程大位的四十年

明朝休宁率口的程大位出身于徽商之家，从小就对中国古算学非常爱好。他说："远到高广之天地，近到浩衍之山川；大到朝廷军国之需，小到民生日用之费，哪一样少得了算学？"算学关系国计民生，学问深邃，程大位立志对中国古算学特别是算盘计算法进行研究。他常常不惜重金购求各类算书。20岁左右，他利用和家人外出经商的机会，开始游历吴、楚各地，遍访算学名师，凡遇有"睿通数学者，辄造请问难，孜孜不倦"。就这样风尘仆仆，不辞辛劳，一路走来，向名家请教，和爱好者探讨，在山野民间访求，在书馆古籍中查阅，搜集算学典籍，竟度过了20年人生岁月。

程大位40岁以后，结束游历四海的生活，带着四方奔波积下的算学典籍，回到家乡休宁率口，"归而覃思于率水之上"，专注地开始撰写算学著作。他认真钻研算学古籍，细细琢磨思文义，审其算学成法，遍取各家之长，加上自己平日的心得体会，对古珠算进行了重大的创新和完善。他又用了整整20年时间，终于写成《算法统宗》17卷。在这部《算法统宗》里，程大位对古算的基本知识、古算的各种应用题解法、古算的部分难题都有阐述。程大位特别对珠算加减乘除口诀及开方方法作了总结研究，从田亩测量、交通运输、物资分配、容积计算、税收贸易、工程技术等民生应用问题入手，用诗歌民谣等通俗易懂的方法，普及珠算知识。为了使算盘能受人喜欢并走进千家万户，成为百姓经商、理财、日常计算的便利工具，程大位日夜待在书房里思考实验，读书写作，几乎达到了如痴如醉、废寝忘食的地步，他的家人甚至包括他最喜欢的小儿子，谁也不敢贸然进到他的书房中去打扰他。《算法统宗》所列595道算题，密切联系百姓生活应用，是他40年的心血凝聚。

程大位意识到土地测量对百姓十分重要，由于没有便捷的测量工具，土地测量不仅工作量大，而且不易准确。程大位反复琢磨思考，用薄竹篾刻上尺寸，卷成圈，装在架上，创造了土地测量用的"丈量步车"，并绘图传世。发明了世界上第一把"卷尺"。

程大位所著《算法统宗》

点评

　　20年积累准备，20年埋头写作而成一本书。人生能有几个20年？程大位为古算法耗尽心血，功在千秋，精神不朽。

——方利山

壮心不已的徽州商人

明朝歙县人许秩，30多岁跟着家乡人到河北一带做生意。他想：凡是大丈夫，不是专于经史，学问成名，就是闯荡江湖，做成事业。我做生意，也要有大丈夫之志，勇往争先，要做就做最好，不辜负来世上走这一遭。他把想法告诉曾祖父，曾祖父很支持他，于是许秩打点行装，凑了一点资金，毅然告别乡亲，南下福建、广东，北上山东、河北，在商场摸爬滚打，积累经商经验。许秩在做生意时，善于用人，又能把握时机，只几年，生意就做得风生水起，兴隆发达。后来又把经营业务从山东扩展到湖北、湖南，由湖北、湖南再向北发展，资本利润不断翻倍。当许秩志得意满，从山东衣锦还乡时，他已经50多岁了。这时的许秩资财甲于一乡，已是有名的大商人。许秩壮年离家，一去20年，又事业有成，按理说可以安享晚年了。可许秩把家人安顿以后，只休整了两个月，又打算出发远行了。乡人劝他："您都老啦！赚了这么多钱，够你在家享福的了，何苦还要出去再经历那些生意场上的艰难困苦呢？"许秩感慨地说："大男子生在世上，志在四方，做一个生意人，就要像端木那样，把生意做到最大，'所至与国君分庭抗礼'，怎么能只是窝在家里，鼠目寸光呢？"许秩这只"徽骆驼"，壮心不已，认真研读《货殖传》，思索为商之道，怎样把生意做得更大。他发现四川天府之都，物产富饶，四川人善于经商，于是又带着资金和助手，风尘仆仆，从浙江到华中，在成都和齐鲁之间贩运货物，生意更是蒸蒸日上。

点 评

"徽骆驼""所至与国君分庭抗礼"的大丈夫之志,让人看到了徽州祖先自强不息的执着劲。

——方利山

奋力遂志终遂志

明朝歙县里村有个小青年叫江应全,字遂志。出身贫苦的他见许多老乡都外出经商发财致富了,也下决心出去闯一闯,让家人过上好日子。江应全凑了点盘缠,往北方去找事做,一路舟车劳顿,还早晚看书学习,一点不敢懈怠。他打工攒了一点钱,又拿出来帮助贫极要卖妻的人。

江应全在做生意的过程中,先是遇到收税苛吏的敲剥诬枉,将所得利润全部赔光。江应全不甘心,从头做起再积累。中间又遇上运货时江上翻船,资金、货物全部失落江底,好不容易捡回一命,但已一无所有,便落魄地回到家中。乡亲们都很同情他,感叹道:"江遂志出门做生意那么有志气,却落得这么一个惨败样,恐怕不是经商的料。"江应全心想,我家上辈人都以坚韧为人称道,没有做不成的事情。他四处奔忙,再一次凑集了一点经商本钱,鼓起劲来,又跨出了家门。

这次,江应全总结了往北方经商的经验教训,决定往豫章(江西)寻点生意做。谁知到了彭蠡(鄱阳湖),遇上了恶劣天气,大风将船刮沉,损失惨重,好在没有命丧湖底,但只能空手回家。乡亲们见了,都为之叹息,说江遂志可能就是贫穷的命,要想"遂志",很难。江应全痛苦地回顾自己几十年经商屡战屡败的经过,觉得自己虽已50多岁,没赚到什么钱却也见了世面,积累了一些商场经验,不得志是因为时机没把握好。江应全静下心来,对商场形势、从业利害作了认真分析,面对家人急切盼望脱离贫苦的现状,他破釜沉舟,把能聚集的家产全凑在一起,瞅准金陵淮扬一带盐业市场,努力发挥人脉、地理优势,稳扎稳打,竟然一步步做大生意,成就了大事业。

徽商出行水路(渔梁坝)

点评

中国徽商"一贾不利再贾,再贾不利三贾,三贾不利犹未厌焉"。事业成功的关键全在坚忍执着。江遂志的最终"遂志"是一范例。

——方利山

仁心济世的新安名医

新安医学奠基人汪机是祁门城内朴墅人。他对病人"竭力治之,至忘寝食",表现出医者仁心。

汪机注重医德,强调不可轻视人之生死,把救死扶伤看作他的毕生追求。他在《医学原理·自述》中写道:"庶不负吾平生之所好也,果若吾言,则是集匪为虚文,可以事亲,可以养身,可以活人。其为利也实溥矣,又何羡于良金腴产之是遗,以损其志而益其过耶。"明嘉靖年间,祁门县内瘟疫流行,人心惶惶,死亡相继,哭声载道。汪机一方面忙于医治病人,一方面动员全家拿出家中积蓄,倾囊购药,免费施治,救人无数。但是,汪机自己生活却非常简朴,厌恶奢靡,常常是布衣蔬食,不追求名利,"至义之所当为,视弃百金如一羽",因此,在当地老百姓中有着极高的赞誉。

瘟疫平息以后,汪机及时总结分析,形成医疗经验和医学著作。他在行医治病的闲暇,特别注意汇集前人著述,并加以整理。如《推求师意》一书,原为明朝初年戴思恭所写的一本医书,后来刊本已很难见到。有一次,汪机偶然在歙县看到,欣喜若狂,爱若至宝,马上拿来纸笔,夜以继日地伏案抄录。抄录完毕,即回祁门叫来门人加好友陈桷帮助核校,并迅速请人刊印传世。还有一本《脉诀刊误》,当时也是流传不广,歙县人朱升虽有抄本,但朱升把这本书看作"秘典",不愿轻易让别人看。汪机得知这个情况后,马上准备了重金,亲自登朱升家门,请求阅读《脉诀刊误》,并亲手抄录后才回到祁门。回到祁门后汪机立即对这本书进行整理，补上缺失的，修正错误的，并刊刻印发，使这本书得以广为流传。汪机就是这样带着一颗"仁爱之心"传播治病救人的经验的，可以说汪机在汇集、传播古代新安医籍方面，作出了很多常人难以想象的贡献。

汪机一生潜心医学，撰写医学著作，直至古稀之年，仍刻苦钻研，握笔不辍。其著述态度相当严谨，如《伤寒选录》，历经数十年才完成，《医学原理》也用了8年时间才写成。写医书的时候，总是夜以继日，废寝忘食。此外，他的著作还有《运气易览》《读素问钞》《针灸问对》《外科理例》《痘治理辨》《本草会编》《医读》《内经补注》等13种。其中影响最大者，首推《石山医案》。《石山医案》里的《营卫论》一篇，提出了固本培元学说，奠定了新安医学流派的理论基础。

点评

"竭力治之，至忘寝食"是把工作看作生命，以至于鞠躬尽瘁，死而后已。这是敬业精神的最高境界。

——毕民智

勤勉尽职的许国老

明万历十二年（1584）九月，因平定云南边境叛乱决策有功，许国晋升为少保，封武英殿大学士。号称"东方凯旋门"的许国石坊正是在平息云南边乱一月之后开始营建的。云南边乱平息之后，万历皇帝龙心大悦，大赏群臣。作为辅臣的许国，被赞为"协忠运筹，茂著劳绩"，受到了"加恩眷酬"。

许国何许人也？史载许国乃明朝著名政治家，一生历嘉靖、隆庆、万历三朝，《明史》这样评价他："谦慎自守，故累遭攻击不能被以污名。"他的功绩见于史载的有三件：

歙县许国石坊

一是出使朝鲜"拒收援例所奉馈礼",朝鲜国专门勒碑铭以记,他以其廉洁为明朝树立了很好的外交形象。

二是神宗继位,许国任太子的师傅,他对太子之过直言不讳,对太子之善也不吝啬表扬,因而得到皇帝"责难陈善"的褒奖。

三是万历十二年(1584)云南边乱,许国协助平定边乱,维护了国家统一。

许国性格倨犟,遇事容易发脾气,数次与言论者较劲,但每次都能够站在国家社稷的立场据理力争,受到皇帝的支持。万历十八年(1590)秋,火落赤侵犯临洮、巩昌,西部边疆为之震动,皇帝在暖阁召见辅佐大臣当面回答问题。首辅申时行认为可以依赖通贡互市;许国则认为火落赤背弃盟约,公然叛逆凶恶,傲慢已达极点,应该对他们重创一次,不可以再怀柔软控。皇帝心中赞许许国的意见,而申时行执政意见不能改夺。不久,给事中任让疏论许国庸俗、鄙陋。许国上奏辩驳,皇帝剥夺了任让的俸禄。福建的守臣报告日本勾结琉球人入侵,许国就说:"现在四边交相被侵扰,而朝廷内外的小臣争相彼此攻击,致使大臣纷纷请求离去,谁还能为国家办事呢?请求向诸位臣下申明、晓谕,让他们各自干好自己的职业,不要恣意行事。"皇帝于是下诏令严加禁止。许国对皇帝身边言路的人始终都是这样认真,不怕同僚们愤恨、厌恶。

许国在内阁任职9年,自守清廉、谨慎,所以虽屡遭攻击,也没有蒙受污秽的罪名。他去世后,被赠封为太保,谥"文穆"。

点评

先学后臣有赖勤勉敬业,屡遭攻击不撼上台元老。

——毕民智

"张大隆"与"张小泉"

张思家,徽州黟县人,明末中国名剪"张小泉"剪刀的创始人。张思家父子两人,经过数十年艰苦创业和潜心研究,终于创造了驰名中外、至今不衰的"张小泉"剪刀。张思家自幼就在以"三刀"闻名的安徽芜湖学艺,出师后,回到家乡黟县,在城边开了个剪刀铺,招牌名为"张大隆",这是个简陋的小作坊,前面是店,后面就是作坊和住家。

剪刀虽小,但加工制作的工序却不少,而且每道工序都要求非常严格,需一丝不苟,否则就达不到质量要求。张思家刻苦钻研,不断摸索,对剪刀的锻打、出样、泥磨、装钉、抛光等各道工序都非常精熟,因而他打磨的剪刀坚韧锋利,久用不钝,备受人们称赞,在徽州很有名气。

明崇祯年间,灾害频繁,烽烟四起,黟县百姓生活朝不保夕,苦不堪言,生意更是难做。于是张思家带着儿子张近尚来到杭州,在火井巷觅到一块空地,开始搭棚设灶,锻制剪刀,招牌挂的仍是"张大隆"。

杭州,早在春秋战国时代,就是干将莫邪铸造宝剑的地方,有着传统的铸造技术。张思家刻意求师,技艺大进。他吸取龙泉宝剑的铸造工艺,经过反复研究,终于创造出独特的嵌钢制剪的新工艺,他选用闻名的浙南"龙泉""云和"的优质钢为原料,镶嵌剪刀的刃口,又用镇江特产的泥砖研磨。制成的剪刀由于镶钢均匀、磨工精细,因而刀口锋利、开闭自如、经久耐用，所以名噪一时，许多专业艺人，如裁缝、锡匠、花匠等，都纷纷慕名而来定制剪刀，于是又出现了鞋剪、袋剪、裁衣剪、整枝剪、猪鬃剪等诸多新品种。清乾隆年间，他的剪刀被皇家看中，列为贡品，从此"张大隆"的生意如同招牌一样大大兴隆。

"张大隆"的生意兴隆，"张大隆"三个字就成了金字招牌。同行看到眼红，为了争夺市场，获取高利，也纷纷打起"张大隆"的假冒招牌。在这种真假难分且又无法律保护的情况下，张思家不得不抛弃几十年创下的金字招牌，将"张大隆"改名为"张小泉"。"小泉"者，杭州著名的"龙泉"宝剑之后者也。因而，生意更是火爆，如日中天，但假冒者仍难以断绝。

多年后，张思家病逝，其子张近尚继承父业。张近尚自小就跟随父亲学习制剪工艺，在父亲的悉心指教和实践培养下，也练就了一手制剪的好工艺，且青出于蓝而胜于蓝，不仅有制作剪刀的精湛技艺，还有经营企业的谋略。他为了表现出既继承家业又有自己独创的区别，所以他在"张小泉"三字的下面加上"近记"二字。

"张小泉"剪刀的锻制工艺在杭州代代相传，产品质量愈造愈好，款式、品种也愈来愈多，因而声誉持久不衰。宣统二年（1910），在南洋第一次"劝业会"上获得银质奖，1915年又在巴拿马万国博览会上获二等奖。中华人民共和国成立以后，在三次全国民用剪刀评比中均获冠军。"张小泉"剪刀至今仍是消费者青睐的名牌产品。

点评

  任正非说，工匠精神在我国古代有很多好的例子。"张小泉"剪刀就是精益求精的工匠精神的代表。

——毕民智

知县赵吉士造福百姓

清康熙七年（1668）五月初六，正是卦山名胜古迹一年一度的庙会之期。这一天艳阳高照，一大早，从交城县城和周边各村涌来的赶庙会的人，源源不断地向卦山会集。与往年不同的是，在车水马龙的行列中多了一溜四乘小轿，这是徽州休宁人、新任交城知县赵吉士在训导王绣、县丞郑万善、县尉郭景明的陪同下也赴卦山赶会来了。赵吉士，于三月二十八到交城，四月初二上任，刚满一月，就遇上卦山庙会与民同乐的幸事。他兴致勃勃，先而天宁寺，再而石佛堂，"力已疲而兴方酣"，一直攀登到"三十三天"（卦山太极峰顶）。卦山之行，他仔细辨识经幢、碑文，对唐《华严三会普光明殿功德碑》尤为关注。后来他主编《交城县志》时，将此碑全文收录，并加了跋语考证。由于是县令的提议，这块碑的保护就受到了特别的重视，成了天宁寺早期文物之一。其中的内容极具历史价值和书法价值。记载了元元贞年间太原节度使李说夫妇捐助修建天宁寺及高僧道融法师的事迹。书法遒劲，深得"二王"笔意，是研究唐朝佛教和书法艺术的重要文物。

赵吉士在《游卦山记》中讴歌卦山风光说："依毗卢之阁，翠柏游人参差交映，尽林壑之美焉；坐石佛之岩，汾水如带，孤城如斗，平畴远山，如绣如画，极眺望之远焉。"在寄情山水的同时，赵吉士不忘交城刚刚经历了自然灾害，许多流离失所的百姓才从各地返回家园，需要休养生息，官府要帮助他们解决吃饭的问题和住宿、穿衣取暖的困难。这体现了他忧国忧民与体恤民意的敬天爱民的胸怀。

对于保护卦山柏树，赵吉士专门写过一篇布告，题为《为严禁樵牧事》："……为此，示仰该都乡保并本山住持知悉，嗣后如有向山樵牧、致损松柏者，定行拿究不贷。"义正词严，掷地有声。这种由父母官亲手撰写保护卦山柏树布告的例子，还找不到第二个。

赵吉士一生诗作很多，仅《林卧遥集》三卷，就收集他的诗作1800余首，但都是离开交城以后所作，在交城的五年多时间里作诗不多。在卦山柏交亭遗址北侧，有一座碑楼，内嵌《古罕碑记》一通，刘尔鼎撰文，清康熙十二年（1673）十一月立石。碑文主要记载了山西巡抚达尔布在山西省五年中唯一向朝廷"特荐"的人——赵吉士在交城知县任内的"文治武功"。

点评

为官一任，造福一方。官员忧国忧民的敬业胸怀，一样为历史和民众所认可。

——毕民智

乾隆为何青睐汪由敦

汪由敦，休宁上溪口人，是乾隆皇帝非常喜欢、信任的尚书。

汪由敦为人平和，言语不多，遇事沉着冷静，有胆有识，总是胸有成竹，即使处理极其复杂和纷扰的事也能从容不迫，不失条理。他在皇帝身边办事30多年，多次因为敬业、勤劳受到皇帝赏识。汪由敦在任工部尚书和吏部尚书时还表现出超凡的记忆能力、敏捷的思维能力和干练的处事能力。

清乾隆九年（1744）工部尚书汪由敦和宫廷画师唐岱陪伴乾隆皇帝游园。我们今天看到的《圆明园四十景图咏》就是当时根据乾隆皇帝的旨意，由宫廷画师唐岱绘制、汪由敦书写而成的40幅风景图，为绢本彩绘，各幅风景图分别附有乾隆《四十景对题诗》。全图分为上下两册，奉旨正式安设于圆明园奉三无私殿呈览，人称"殿本彩图"。在圆明园被英法联军毁后的今天，这样的"殿本彩图"就显得越发珍贵难得了。

汪由敦超凡的记忆力、敏捷的思维能力和干练的处事能力在他刚入军机处值班时，就很快展现出来了。皇帝有雅兴时做的诗词，汪由敦都能及时将它用文字记录下来；皇帝阅批的文字，汪由敦也能于当天整理出来；有时皇帝口头命令，汪由敦也会很快用笔记录下来存档。这些都深得皇帝认可，并且准确得当地表达了皇帝的圣意，所以当乾隆皇帝要去谒陵，或者巡幸山东、山西、江浙、盛京等地时，均安排汪由敦随从，由他用笔记录皇帝的圣谕而传达。汪由敦确实文思泉涌，快而准确，书上记载他的这种能力是"入承旨，耳受心识，出即传写，不遗一字"，深得乾隆皇帝的信任。乾隆一生两次平定大小金川叛乱，他所发出的廷谕都出自汪由敦之手。皇帝为了夸耀自己"十全武功"，下令编写《平定金川方略》和《平定准噶尔方略》两部书，汪由敦分别担任两书的副总裁、总裁。

汪由敦石像

汪由敦还非常关心民间疾苦。有一年，永定河发生水患，当时有人提出为疏通水道，要开辟新的河道。汪由敦用几个月的时间，通过自己在沿河各州县的考察，认为新辟河道不仅花费巨大，而且还要损坏百姓的农田，不是可取的做法。在他的一再要求下，清政府最后采取了疏浚永定河的措施。这样，既解决了水患问题，又保护了百姓的利益。

在汪由敦病重时，乾隆皇帝还指派御医前去看望。乾隆二十三年（1758），汪由敦逝世。乾隆皇帝除了赐以丧葬用品以外，还亲自前往吊唁，加赠其为太子太师，谥"文端"，入祀贤良祠；另外，还将汪由敦生前的书法作品收集起来，刻在石上，陈放于宫内，称为"时晴斋法帖"。乾隆四十四年（1779），乾隆皇帝还特地作诗怀念汪由敦。

点评

乾隆皇帝和汪由敦之间的君臣知遇、惺惺相惜，大概也是基于"敬业"的共同语言吧。

——毕民智

"徽骆驼"的小故事

关于"徽骆驼"的来源,说法不一。一种说法认为,江南地区很多人称徽商为"徽老大",而在徽州方言中"老大"和"骆驼"发音相似,久而久之"徽老大"就成了"徽骆驼"。第二种说法认为,明末清初时,清兵逼近徽州府,抗清义士金声历经无数次苦战,终因寡不敌众被俘。被俘前金声告诫部下说:"要做徽骆驼,不降异族。"就这样,"徽骆驼"宁死不屈的比喻流传了下来。第三种说法则和徽商出门做生意的习惯有关。徽商出门会带一个麻布袋,内装几张徽饼作为干粮,另有三根麻绳。背着麻布袋的徽商远远看去,就像骆驼的驼峰一样。加上徽商吃苦耐劳、长途跋涉的劲头和骆驼也很类似。因此,徽商也就渐渐有了"徽骆驼"的美名。

古徽州山多地少,外出从商者甚多。而这种自然地理环境和人文经济条件,也造就了"徽骆驼"吃苦耐劳的精神。徽州大盐商鲍志道就曾凭借一个铜板从歙县老家走到江西鄱阳。鲍志道少时本欲考科举,无奈家道不济,只能从商。他听说有同乡在江西鄱阳做生意,就决定过去拜师。他戴的虎头帽上所嵌的一枚"康熙通宝"铜钱成为他唯一的盘缠。由于盘缠实在太少,鲍志道一路上风餐露宿,竟然连这一枚铜钱也没舍得花出去。

只凭百折不挠与吃苦耐劳并不足以成就徽商的美名,徽商的智慧也是为人称道的。鲍志道到扬州谋生,参加某盐商店面经理的面试,不想一进面试的房间,盐商先是发给应聘者每人一碗馄饨,在别人不以为意狼吞虎咽的时候，鲍志道细心观察，发现同一碗馄饨竟然馅料各不相同，而且，大家吃馄饨的时候，盐商的大管家还在不停记录。鲍志道恍然大悟，大盐商要考的也许就是应聘者的观察和记忆能力。他边吃边暗自留心。翌日的考题果然和所食用的馄饨有关，别人瞠目结舌，而鲍志道凭借自己的精明能干，轻松过关被录用。

骆驼是人们所熟知的一种哺乳动物。在风尘弥漫、干旱缺水的沙漠地区，骆驼是主要的畜力运输工具。日久天长，在人们眼中，骆驼就象征着执着、坚定和坚持不懈！

点 评

骆驼负重致远，认定一个目标百折不挠，象征着吃苦耐劳和勤恳努力，体现了敬业、执着、拼搏、进取、友爱、和谐等优秀品质。

——毕民智

恪尽职守的王茂荫

清朝歙县杞梓里的王茂荫，出身于茶商之家。6岁时，生母洪氏就去世了。王茂荫从小由祖母方氏"抱同卧起""昼夜操劳"，抚育成人。在王茂荫中进士入京都供职的时候，方氏老祖母特别谆谆告诫："我当初指望你们努力读书，是要你们懂得做人的道理，并没有想到一定要读书做官。现在老天爷顾念我家，让你进京为国效力，你一定要恪尽职守，努力做好本职工作，决不可以贪财受贿，辱没先人。我不愿你去图什么显赫的官位，发什么大财。"王茂荫对老祖母方氏的教诲，牢记在心。进京以后，为官30余年，官至二品，王茂荫都要求自己"渴不饮盗泉水，热不息恶木荫"，身直影正，远离邪恶。他在京都为官期间不带家眷，"孑然一身，清俭朴约"，也没有在京城置办私人房产，一直寄身安徽歙县会馆，平日"粗衣粝食，处之晏如"，衣衫简朴，饮食粗淡。王茂荫夫人也只在王茂荫任职期间到过京都一次，而且没有待几个月就回歙县了。王茂荫在京的居所"萧然一室，别无长物，公余之暇，手一卷自娱"。"性恬淡、寡嗜欲"，上朝公干回来，也没有什么业余爱好，只是看书学习。

王茂荫对自己任内事务，处心积虑，虚心以求，总是务求洞悉原委，不肯稍事因循。尽量做到于国计民生政事得失知无不言，言无不尽。每当写奏折时，常在灯下细细思量，到深夜都不肯睡觉。他还常和几位同事讨论古今治理之道，孜孜不倦。王茂荫办理公务，矢慎矢勤，从来不苟且迁就。

王茂荫曾为国家改革币制出谋划策，夙夜勤政，殚精竭虑，心思费尽，给皇帝上了许多有真知灼见的奏折。这些奏折，对捐输筹饷、纸钞发行和兑现、铸颁大钱等，都有详细阐述。王茂荫主张杜绝"奔竞"钻营之风以肃吏治，力荐实干人才为国效忠，全是为国计民生着想。即使皇帝斥责王茂荫"专利商贾"，王茂荫也仍然坚持自己的正确观点，坚持上奏折陈述对时政的看法。王茂荫的奏折，无不深思熟虑，要言中肯，慷慨陈词，直言敢谏。王茂荫对自己的这些心血结晶十分看重，把它汇成了厚厚一册《王侍郎奏议》。他对家人说："我之奏疏，颇费苦心，对时事利弊实在都有切中要害处，从来不是阿谀求荣，都是自己勤勉为国的思虑积累，可以传家，垂示子孙。"

王茂荫信札

特别是王茂荫得知咸丰皇帝在国事艰难、内忧外患的时候，还不问国政，耽于逸乐，纵情声色，准备临幸圆明园"办公"游嬉的消息后，心急如焚。朝中大臣们对此都有意见，却无人敢向皇上当面直言劝阻。王茂荫不怕得罪皇上，写下了《请暂缓临幸御园折》，慷慨激昂地提出了六个"不可"，极言在这"国计艰虞、民生涂炭"的时候，您皇帝实在不应该"事于游观"，毫不客气地给咸丰皇帝的游兴当头泼了一盆冷水。咸丰皇帝为此大为不快：谁说我想到圆明园游嬉了？这只是"道路传闻"，"原折掷还"！王茂荫能坚持"孤忠自许人不与，独立敢言人所难"，这本身就是难能可贵的敬业精神。难怪清末翰林许承尧认为，王茂荫单凭此折，即足以名留千古！

王茂荫作为清道光、咸丰、同治三朝以清正廉洁、直言敢谏而声震朝野的好官，莅职勤勉，鞠躬尽瘁，他的货币改革主张，还受到了马克思的高度关注，成为给马克思科学社会主义体系建构提供学术营养的第一个中国人。

点评

为官尽职尽责，为国鞠躬尽瘁，王茂荫是徽州出任"言官"者敬业之最。

——方利山

戴震治学终身不怠

屯溪隆阜的戴震，是清朝学者第一人。他一生为探索社会治乱之道勤奋治学，"立身守二字曰不苟"，坚忍执着，异乎常人。

戴震少年时候读书就能"日数千言不肯休"，一部厚厚的《说文》字典，只用了三年就"尽得其节目"，记熟了全部内容；两大本《十三经注疏》，几百万字，戴震早晚诵读，竟然连经、注都能背诵下来。最可贵的是戴震读书不是死记硬背，而是善于独立思考，"打破砂锅——问（纹）到底"，他在私塾里就《大学章句》向塾师发问，竟把老师都考倒了。

在家里极为贫乏、每天只能靠买点面屑充饥的困境中，戴震还坚持写作，"闭户而成《屈原赋注》一十二卷"。据说戴震夫人朱氏见丈夫写书很辛苦，就特地为他做了一盘年糕，和一盘糖一起端来以后，要他趁热蘸着吃，戴震头也未抬答应着，只顾写书。过了一会，朱氏进来一看——真把人笑坏了！只见戴震满嘴乌墨，还愣在那里，不知夫人笑什么。原来戴震一边写书，一边拿年糕蘸糖往嘴里送，由于太过专注，年糕蘸的竟是砚台里的墨汁，而且没有感觉出异样，朱氏觉得好笑但又有些心疼。

戴震做学问，从认真弄懂一字一词的真义开始，努力追求"十分之见"。为搞清楚错讹缺失的《水经注》，戴震先后花了20多年时间，发明了区分经、注的"四大义例"，在当时把《水经注》校理得最好。戴震做学问，对古文献进行训诂考证，坚持求真求是，洞悉本源，写下了《考工记图注》《声韵考》等大量专著，成为百科全书式的大学者、清朝朴学的领军人物。

乾隆三十八年（1773），戴震被特诏进四库全书馆，负责校理《永乐大典》等古籍中难度很大的古文残篇。戴震对这些天文、算法、地理、水经、小学、方言等类古经典，精心推考，费思劳神，夜以继日，孜孜不倦，所校理的《仪礼》《大戴礼》《算经十书》《水经注》等，得到了皇帝和同行的嘉赏称赞。在四库全书馆的五年，为了完成这些古经籍的校理，戴震日夜操劳，伏案考析，最后一年卧病在床，还在校理《海岛算经》等古籍，写作不停，还写成了"正人心之要"的重要哲学著作《孟子字义疏证》一书。这中间，戴震劳神过度，视力大损，多次让人在城中找地更换老花眼镜。最后，卖老花眼镜的人说："这已经是'老光之最'了，除了我这里，北京城再也没有地方可换了！"

位于屯溪戴震公园的戴震塑像

戴震在去世前完成《声类表》一书写作之后，又马不停蹄地给学生段玉裁点定《六书音均表》一书。最后告诉床边人说："书我仔细看过了，需要继续推敲的地方，我有些用了'点'，有些用了'圈'，我来不及告诉玉裁了，你把书给他带回去吧。"

点评

一辈子做学问求真求是，一丝不苟，终成盖代大师，戴东原垂范后人。

——方利山

每天夜读一灯油的人

歙县岩寺人金榜,是清朝乾隆时候的一位学者。他有一个号叫"檠斋"。"檠"是烛台、灯架的意思。出身于徽州儒商之家的金榜,立志要通过博学深造专精钻研成为有真才实学的人,不想把聪明才智埋没在时文之学上,选取了对古"礼"的探讨为自己的治学主攻方向。据说金榜从小读书就非常刻苦认真,每天夜里读书,规定要一灯盏灯油点完才放下书睡觉。于是就有了"檠斋"这个号。他少时先在塾师鲍倚云那里学习制举之学,打下文章基础,后来到西溪汪梧凤的不疏园,拜皖派经学的开山大师婺源江永为师,研钻经学。在这里金榜和戴震志同道合,亦师亦友,互相请教商讨。金榜此后又拜桐城大学者刘大櫆为师,学诗古文辞。在特别刻苦的求学过程中,满腹经纶胸有成竹的金榜,31岁中举,之后又在殿试时以一甲第一名考中状元。但是,金榜淡泊仕途名利,借父丧守制的机会,请假回乡,努力攻书,专注于治《礼》经。金榜博览群书,对古文献中的"旧闻""秘逸"一点都不放过。他遵照郑康成治经的路数,博稽精思、慎求能断。他治学有句名言:"完全不相信不对;全都相信也不对。"敢于纠正郑氏对《礼》经的错解。有一次,戴震就一个"难通"的解经问题向金榜请教,金榜旁征博引,就自己所知,通透地解答了戴震的疑难,金榜还持之有据地批点了前人的不到之处,戴震听了大加赞赏。十分佩服金榜治"礼"的专精。

金榜治《礼》兢兢业业,写成了十卷《礼笺》书稿,但总觉得其中还有些问题需要继续推敲，查证后定，于是把书稿藏在书斋，秘不示人，当时很少有人知道金榜治《礼》已有这么重要的成果。金榜晚年，得了风痹痛疾，卧床难起，还挣扎着将书中最重要的内容摘取了一部分，汇成精简书稿《礼笺》三卷。安徽巡抚朱珪为之作序，赞其"词精义赅"；一代文宗阮文达把金榜和江永、戴震并列，认为金榜为新安经学的兴盛作出了重大贡献。

点评

多少徽州学子就是这样，以"檠斋"精神，攻书克难，玉汝于成，成为国之栋梁。

——方利山

执教哈佛传播中华文化

在著名的美国哈佛大学燕京图书馆,一进门,就可以看见墙上悬挂着一幅中国清朝官员打扮的大照片,这人顶戴花翎,身着官服,足蹬皂靴,清癯的脸上有一双睿智的眼睛。他就是120多年前中国第一个到美国任教的徽州休宁人戈鲲化。

戈鲲化寄籍浙江宁波,青少年时期就天资聪颖、刻苦努力,其南方官话和古典文学造诣名重一时,从秀才到举人,在清军将领黄开榜府当过几年幕僚,又在美国驻上海领事馆任职两年,后来到英国驻宁波领事馆担任翻译生兼中文教师15年。清光绪五年(1879),由于美国人杜德维的推荐,他与美国哈佛大学签订赴美任教的合同,成为中国第一个被聘出国任教的老师。

戈鲲化很看重这个向异邦宣讲中华文化的机会,携带家眷和一大批中国书籍,当年8月底就抵达美国哈佛大学。作了认真的准备后,10月22日正式开课。虽然只教几个学生,戈鲲化却总是积极为自己的授课做准备,每周要上5天的课,课程安排得满满的。每次上课,他都要整洁地穿上官服,平时都是衣帽整齐,坚持穿中国的长袍马褂,即使在夏天也不脱下袍子,非常注意师道尊严,觉得这是代表国家形象。每天他讲课1个小时,学生自学2~3个小时。他的学生不仅有正式的哈佛生,也有一些喜欢学东方文化的教授,还有与华通商的美国人。戈鲲化讲课时昂首挺胸,从容不迫,安详自如,一口南方官话,始终保持着中国学者的尊严和良好的职业操守。教汉语语言是戈鲲化的本职任务，但他的中华文化自豪感使他努力做中华文化的传播者。他选择自己最擅长的中国诗歌作为教学汉语语言的载体，因此，他在任何场合，几乎都不忘吟诗、讲解诗。为了上好汉语语言课，戈鲲化费尽心血专门编纂了中文教材《华质英文》。这本教材是由戈鲲化的15首中文诗构成的，并附有英文译文及英文注解，被哈佛大学称作"有史以来最早的一本由中国人用中英文对照编写的，介绍中国诗词的教材"。戈鲲化在教学时，诗篇即兴而作，简短精练，轻柔而幽默，非常吸引学生。他是中国罕见的优秀教师之一，能不厌其烦地纠正学生的错误。他还为哈佛的教授们特别开设了中国诗文讲座，有时

戈鲲化当时任教的哈佛大学

还应邀到教授俱乐部去作演讲。他注重借助诗歌这种形式，传播中国的文化理念。戈鲲化在美国人的社交圈中吟诗答谢时，温文尔雅，抑扬顿挫，和蔼可亲，讲完则鞠躬而退。戈鲲化在哈佛坚持用中国礼仪招待美国客人，擅长交友，待人真诚，高尚可敬，反应敏捷，富有批判性，幽默感很强，与人交往时迷人的微笑也很灿烂。戈鲲化的风

范，深得美国友人的好评，美国友人赞扬他："作为东方教育培育出的典范代表，他把如此古老、宁静、优秀的文明带到我们这个国家……他将一个古老民族的沉静文学传授给一个在当代得到迅猛发展的民族，教了许多东西……使我们懂得了什么是一个富有内涵、深刻的学者。"光绪六年（1880），戈鲲化以他的特立独行和厚重的中国文化背景成为哈佛大学毕业典礼上令人瞩目的贵宾。戈鲲化向哈佛大学赠送了所带的中国文化图书，奠基哈佛燕京图书馆。

戈鲲化在哈佛大学任教，用"三个坚持"来实现自己的使命。他坚持用南方官话做讲座，不按照英国人的课本讲北京官话，力求原汁原味；坚持穿官服、戴官帽上课，提请学生注意东方的尊师美德；坚持用自编的中文教材《华质英文》教学。按合同，戈鲲化在哈佛大学任教3年，在即将完成执教任务的第3年，戈鲲化不幸因感冒而引发肺炎，多方治疗无效，于2月14日病逝。逝前哈佛大学校长去看望他时，尽管因病而说话困难，他还是尽力谈自己的工作，解释自己因病错过了多少课时。

点 评

戈鲲化至死不忘自己是中华文化的传播者，自尊自重，身体力行，尽职敬业，堪称我国第一个"优秀外教"。

——方利山

"叶"茂源于根深

叶天士，歙县蓝田人，寓居苏州，12岁就跟着父亲学医，父亲去世后，家贫难以维持生计，一边行医，一边拜父亲的门人朱某为师，继续学习。叶天士聪颖过人，"闻言即解"，一点就通，又勤奋好学、虚心求教，医学见解往往超过教他的朱先生。

叶天士认为："医生可以当，又不容易当，必须天资敏悟，读万卷书，而后才能提高医术济世救人。不然的话，没有不害死人的，那是用药为刀刃啊！"他的体会是：学问无穷，读书这件事实在不可轻看。为了对病人负责，叶天士努力钻研医籍，博览群书，旁搜博采，孜孜不倦，"固无日不读书也"。他一方面向书本学习，一方面更努力向同行中的高明者虚心请教，虚怀若谷、善学他人长处。叶天士信守"三人行必有我师"的古训，只要遇到比自己高明的医生，他都愿意行弟子礼拜之为师；一听到某位医生有专长，就欣然而往，必待学成后才回来。12～18岁，叶天士游历江、浙，竟先后拜过17位名医为师，其中包括中医界周扬俊、王子接等著名医家，人们都说叶天士学医"师门深广"，叶茂源于根深。

有一个叶天士匿名拜师的故事。

叶天士在行医时打听到山东有位姓刘的名医，针灸技术非常好，便想拜其为师，但找不到人介绍。有一天，刘姓名医的外甥赵某因为舅舅没能治好他的顽疾，就来找叶天士看。叶天士对症下药，很快就把他给治好了。赵某心存感激，同意介绍改名换姓的叶天士去拜他舅舅为师。叶天士拜在刘名医门下，在那里虚心谨慎地学习。一次有人抬来一个神智昏迷的孕妇，刘名医诊脉后推辞说自己不能治。叶天士仔细观察后，发现孕妇昏迷是因胎儿不能转胞，才痛得不省人事。危急中救人要紧，叶天士拿出自己绝活，取针在孕妇脐下刺了一下，叫人赶快把孕妇抬回家去。到家后孕妇胎儿果然顺利产下。刘名医目睹一切，很是惊异自己的学徒竟有此等本事，详加询问后，才知道这个徒弟原来就是大名鼎鼎的叶天士。刘名医为叶天士虚怀若谷、求知若渴的敬业精神所感动，非常豪爽地把自己的针灸绝活毫无保留地传授给了他。

正因为叶天士勤谨肯学，不到30岁就已医名远播。他不仅在儿科方面远近闻名，而且在"温病学"上，独具慧眼，富于创造，见解独到，成为我国中医温病学的奠基人之一，形成了中医史上一个重要的医学流派——"叶派"，在近代医学史上占据着重要的位置。叶天士最擅长治疗时疫和痧痘等症，又是中国最早发现猩红热的人。叶天士医术高超，可谓无所不通，儿科、妇科、内科、外科、五官科无所不精、贡献很大。在杂病、中风症等许多方面，他都有独到的理论和医治方法，立方不拘成法，投药每有奇效，治疗常多变通。他还十分善于运用古方，有许多令人意想不到的医治思维。在徽州、江、浙等广大地域，民间流传着叶天士为医的许多神奇故事。

点评

医术不精，开的方子就会从救人的良药变成杀人的刀刃。高度的职业责任感，使叶天士时时虚心勤谨。

——方利山

一犁到塝不回头

徽州绩溪的伏岭下古村，是中外闻名的"徽厨"村。这里的邵氏先人，擅长徽菜烹饪手艺，使中国徽菜香飘世界。伏岭山村，地瘠民贫。清同治年间，伏岭下邵培余等人就走出徽州马头墙，来到苏州，在大街上摆起了大饼油条摊。凭着炒徽菜的一手绝活，他们先在苏州城创立了徽菜馆"添和馆"。接着，有伏岭下邵子曜、邵寿根、邵之望、邵灶家等人来到苏州城，陆续开设了丹凤楼、六宜楼、怡和园、畅乐园、添新楼等徽菜馆，此后，伏岭下邵修三等人又闯荡上海，在上海法大马路开设了"聚贤楼"徽面馆，伏岭下邵家列、邵之望等徽菜师傅迅速跟进，在大上海开设"张天福园""九华园""鼎丰园"等徽馆，徽菜、徽面名响上海市场。再后来，邵运家的丹凤楼、邵家列的鼎兴楼、邵金生的复兴园、邵在渊的聚乐园、邵华瑞的聚合园、邵仲义的同义园、邵在湖的鸿运楼、邵在雄的民乐园等相继在上海滩热闹开业，到20世纪20年代，伏岭下徽菜师傅仅在上海一地，就开设了70多家徽菜馆、徽面馆。

徽菜生意之所以能这么红火，是因为徽菜师傅把徽菜当作造福百姓的大事业来做，货真价实，精益求精，善吸取，能融和，多创新，名菜多，大众化。像上海的徽馆，从大众的需要出发，菜肴、汤面兼营，拿手菜炒鳝背、炒虾脑、走油拆炖、煨海参等，特别是馄饨鸭和大血汤，都最有徽菜特色，烧得格外地道，深得民众喜欢。上海老西门的徽馆丹凤楼，7个宴席厅，1000余个座位常常爆满，每天制作徽

绩溪伏岭邵运家于清光绪七年(1881)创办的大富贵酒楼

面的面粉要十五六袋,用猪三四头,羊两三只,火腿七八只,鱼数十公斤。上海徽馆"第一春菜馆"16间门面,100余张餐桌,夜市宴席常有十几把胡琴唱堂会,每夜清理店堂时,仅电车票就能扫起一畚箕。

"绩溪牛,一犁到塝不回头。"伏岭下徽菜师傅,即使在战火纷飞的动乱年代,也有一股牛劲,执着徽菜业的发展,日帝侵华,淞沪战起,"徽骆驼"不屈于强盗的蹂躏。邵仁卿、邵之庭的上海大嘉富酒菜馆遭"八一三"战火,8间店屋被炸毁3间,另5间被日本海军陆战队霸占用于养鸡。为了收回馆舍,恢复徽菜店业,邵仁卿冒险与日军交涉斡旋10余次,日军军官"堂乙二"几次用马刀架在他脖子上,枪口抵在他脑门上,他也没有怯惧。此后伏岭下徽菜师傅们又将徽馆从上海撤到武汉三镇,伏岭下邵华泽、邵之琪、邵培柱等先后在汉口、武昌创办"新上海""大上海""大中央"等徽馆酒楼;后来武汉吃紧,徽馆随抗日民众,一路向重庆、宜昌,南下衡阳、柳州、桂林。在四川天府之国和桂林漓江两岸,陆续开设了乐路春、松鹤楼、大都会、鸿运楼、新苏、大中华、大上海等徽馆酒楼。著名的徽菜师傅邵天民的徽菜店于日军侵华期间撤迁西南,他和10余个店伙肩挑锅瓢碗筷,风餐露宿,历尽艰辛,铁路修到哪里,徽菜餐饮摊店就设到哪里，好几年苦心经营，先后在衡阳、柳州、金城、宜山、独山等地创开了6家徽菜馆。

以伏岭下邵氏为首的徽州徽菜师傅甚至把徽馆、徽菜酒楼开到越、缅边境，开到东南亚一些国家。"一根扞面杖打到苏门答腊。""绩溪牛"做大的徽菜事业，让徽州人格外荣光自豪。

点评

徽州先人能把徽菜、徽剧、徽墨、徽茶、徽盘、徽州三雕等做成绝活，做成好评如潮的知名品牌，都是靠这种"一犁到塝不回头"的牛劲。

——方利山

青城坐雨和瞿塘夜游

1933年，黄宾虹70岁。这年春夏之交，黄宾虹在邓之诚与东方美专学生的陪同下，游青城山。

早春的青城山，春雨说来就来。黄宾虹一行没有防雨的准备。黄宾虹全身湿透，索性坐于雨中细赏山色变幻，从此大悟古人"雨淋墙头"的妙法。第二天，他连续画了《青城烟雨册》10余幅，表现手法有焦墨、泼墨、干皴加宿墨。在这些笔墨使用的试验中，他试图表达出"雨淋墙头"的感觉。雨从墙头淋下来，任意纵横氤氲，有些地方特别湿而浓重，有些地方可能留白而显干燥，那顺墙流下的条条水道就是"屋漏痕"。他在致朋友信中说道："青城大雨滂沱，坐山中移时，千条飞泉，令恍悟，若雨淋墙头，干而润，润而见骨，墨不碍色，色不碍墨……"这正是他《青城坐雨图》的自我诠释。这幅画几乎纯然写生，与其他水墨恣肆的"雨山图"相较，着墨并不多。但确实有"雨淋墙头"的感觉，干而见润，润而见骨，气息清新似能溢出画面。

这次经历让黄宾虹非常得意，他用诗记录下这次经历："泼墨山前远近峰，米家难点万千重。青城坐雨乾坤大，入蜀方知画意浓。"令人感慨的是，为寻证米家"落茄点"与大自然的雨点之间是怎样的一种依据关系，他不惜以70岁高龄任大雨浇头，就是为了能获得激发于自然生命的创作激情——"画意浓"，获得新的理法元素——米氏父子也未能尽知的"万千重"。

"瞿塘夜游"是发生在这一年的五月份。黄宾虹一行游览完青城山乘船回上海，途经奉节段歇息的一个夜晚，他想去看看杜甫当年在此地所见到的"石上藤萝月"景象。

于是，他便沿江边朝白帝城方向走去，月色下的夜山朦胧而韵味十足，深深地吸引着他。他在月光下摸索着进行了一个多小时的速写。翌日清晨，黄宾虹看着速写稿大声叫道："月移壁，月移壁！实中虚，虚中实。妙，妙，妙极了！"

自此以后，黄宾虹的雨雾、夜山是其最擅长、最经常的绘画内容，合浑厚与华滋而成美学上自觉的追求。

黄宾虹70岁后，所画作品，兴致淋漓、浑厚华滋；喜以积墨、泼墨、破墨、宿墨互用，使山川层层深厚，气势磅礴，十分挺拔。所谓"黑、密、厚、重"的"黑宾虹"画风，正是他从此形成的显著特色。这一显著特点，也使中国的山水画上升到一种至高无上的境界，成就了他"山水画一代宗师"的美名。

点评

　　青城坐雨乾坤大，入蜀方知画意浓。70高龄夜游意，丹青再续大师情。术有专攻，出自"忘我"。

——毕民智

活灵活现的"抗战夫人"

《一江春水向东流》是由蔡楚生、郑君里导演和编剧，舒绣文、白杨、上官云珠主演的一部剧情片。该片代表了20世纪三四十年代中国电影工业最高水准。三个当红的女演员舒绣文、白杨和上官云珠在影片中大斗演技，让人看过大呼过瘾。

《一江春水向东流》剧照

舒绣文是安徽黟县人。20世纪30年代初参加中国共产党领导的五月花剧社、春秋剧社、上海业余影人剧社等团体。1941年参加中共组织的中华剧艺社，先后演出《棠棣之花》《虎符》《天国春秋》。抗战胜利后，上海昆仑影业准备拍《一江春水向东流》。一开始，编导蔡楚生与郑君里将剧本交到舒绣文手里，邀请她出演"抗战夫人"王丽珍，她不接受，理由是，戏是好戏，可她自己实在不喜欢这个女人，八面玲珑、心肠残忍的交际花让舒绣文十分讨厌。可两位编导认为，这个角色非她莫属，他们努力说服她，当她知道自己是否扮演这个角色对于全剧成功与否非常重要以后，改变主意，决定接受邀请，因为她"喜欢与困难抗争，这样才能得到好的锻炼"。演的是自己讨厌的女人，可舒绣文一点不懈怠，戏里她出场的时候需要跳一段西班牙舞，导演考虑到难度太大，而且她已经三十几岁，所以建议用舞蹈替身。没想到，舒绣文坚决要自己跳，为了跳好这短短一段舞蹈，她跟着一个俄罗斯老师跳了半个月。就是因为如此认真钻研，她演出来的交际花，可能是中国电影史上最让人难忘的"坏女人"形象了。据说电影上映的时候，竟然有观众从座位上站起来痛斥银幕上的王丽珍。《一江春水向东流》将"抗战夫人""沦陷夫人""胜利夫人"串而为一，创造出抗战时期"抗战夫人"的经典形象。舒绣文饰演王丽珍，准确地把握了影片中人物泼辣凶狠的性格，把一个旧社会内心凶险、外表热情泼辣的蛇蝎女人的本质暴露无遗，把发妻之苦难与丈夫荒唐的生活对比得淋漓尽致。该影片很多镜头都是对重庆当时社会的再现，公映后，轰动一时，观众数量创造了空前纪录，被评为"十佳影片"之首。

点评

演的是自己讨厌的女人，出的是中国电影经典的形象——敬业！

——毕民智

才女从小就认真

苏雪林是安徽省太平县岭下人。她身世卑微，但禀赋过人，天资聪颖，7岁开始在家里接受家塾启蒙，只读过《三字经》《千家诗》《女四书》和半部《幼学琼林》，粗通文墨的启蒙老师采五先生看到苏家大小姐聪慧过人，难以胜任苏家教师一职就辞职回家了。往后两三年都没有合适的教师人选，苏雪林只得和小伙伴们一边玩耍，一边等新老师的到来。终于这一天等来了。一位来投奔其祖父的表叔担任了她的老师。这位先生的文化更浅，堪称别字白字先生。有一次教一首五绝唐诗："绿蚁新醅酒，红泥小火炉，晚来天欲雪，能饮一杯无？"先生误将繁体字"蚁"读错不说，还把最后一句翻译成：想喝一杯，谁知酒却没有了。10岁的苏雪林反驳：本说"绿蚁新醅酒"怎说酒没有了？我看这个"无"字不能作"没有"解，是询问的口气，是问朋友能同我喝一杯吗。此后，她多次给先生挑错，并将其不能解释正确的古诗词纠正，先生羞愧难当，到苏雪林祖母处告状，半年后也无奈地离去。苏雪林再度辍学，自己在家里找来当时流行的中国清末民国初期著名翻译家林琴南译述的西洋小说阅读。

苏雪林12岁时，父亲见她好读书，又一时很难找到合适人选任教，就自己担任了教师。其父的知识水平比前两位当然要好很多，但也是别字不少，没少让苏雪林反问和纠错。苏雪林13岁时，大哥给她出题"涧松"要她做一首五言古体诗，不到一小时她便写完了，令大哥非常惊讶，父亲读后也满心欢喜，称"溯当发荣时，孕秀非一朝"

和"即沐浴露恩，遂抽三寸苗"两句尤妙，呼她为"我家不栉进士"，大为赞叹。不久，她父亲远征云南以求功名，苏雪林读书的事又黄了。

后来苏雪林进入安庆基督教办的小学"培源女学"，仅读了半年就退学了。到安徽第一女子师范，读了3年，毕业后就留校担任附小教师。但她觉得自己还要努力继续深造，于是1年后又去了北京高等女子师范。在这里，她见证了风起云涌的"五四"新文化运动，也就是在这里，她的才气和名气大振，被人们称作"五四才女"。

点评

天生的才女，聪慧难得；后天的勤奋，成就辉煌更有价值。

——毕民智

徽州近代教育的开拓者

1913年1月,安徽省督军柏文蔚与教育司长江彤侯商承孙中山先生提出的普及义务教育的五项纲领,决定全省分为6个学区,每一学区设一所师范学校。徽州六邑(休宁、歙县、黟县、祁门、婺源、绩溪)属第五学区,设一师范学校,名叫"安徽省立第五师范学校"(1914年2月更名为安徽省立第二师范学校,简称"二师"),委任绩溪仁里思诚两等小学堂校长胡晋接担任校长。

胡晋接1913年受命在地处皖南山区的徽州创办师范学校,直至1928年辞职告老还乡,他把人生中最为宝贵的15年时光都奉献给了"二师"。胡晋接主持"二师"的15年,开头时是民国草创,结尾处是大革命结束、北伐完成、南京国民政府形式上统一了全国。但这15年的国内情势,军阀混战,民不聊生,乱哄哄的"你方唱罢我登场","五四"新文化运动的爆发,给这一片浑浊和泥沼注入了希望和新生的力量。胡晋接就是在这样的情境下开启了徽州现代教育的山门。

胡晋接家学深厚,很早就成为秀才、郡廪贡生,但他不想在做官上求上进,青年时期即立下"教育报国"的理想。他说:"欲改造中国而非改造中国思想界不可。然欲改造中国之思想界,又非改造中国教育制度不可,盖教育乃一切思想之源泉,而小学又为教育之基础也。"

1913年,胡晋接在"五师"的开学训词中说:"开设本校之目的,在于造成本区小学教师,以教育将来之国民。"他给自己定的任务就是做整个徽州地区民众教育领路人这样的历史使命。

胡晋接在明确自己重任以后，又大胆实践，放眼世界，要求学生必须与世界各文明国的青年同步，强调强健体魄可以造就"中华民国之大国民"，并进而阐发在"世界大运动会"上称雄。他对师范生的地位和责任有非常超前的眼光。他说，师范生的责任，即在练成20世纪中华民国的新国民，使能与世界各国国民，立于对等的地位，以救吾国国家的危亡者也。他充分意识到传统教育的弊端，在"二师"大力推行教育革新，实施"村民教育主义""实用教育主义"和"发展社会经济主义"，"输入国民之新思想、新学艺，而不破坏其淳朴懿粹之美德，俾异日有文明之启导，无习惯之囿格，注重守信、耐劳、规律、勤勉"，教导学生教学做相结合、德智体全面发展。

胡晋接综合了徽州书院传统和现代教育的特点，把徽州书院讲究"自由讲会"的制度和强调"格物致知"的精神与现代教育发展要求结合起来，

"二师"即原"五师"万安原址

系统开设了修身、讲经、国文、习字、历史、英语、数理、物理、珠算、乐歌、体操、法制、经济、商业、图画等课程，除"修身""讲经"之外，其他多是现代教育课程。身为地理学家的胡晋接还特别看重植物学，认为"博物一科，先授植物"，他要求学生寒假返乡就近采集植物带回校内，"无论谷物、菜蔬、果树、药品、竹

木、藤草，凡天然之生物""或取秧苗，或摘果实，或选茎叶，或拾花枝"，开启了现代徽州实践教学的先河。由于有这些实践教学积累，1914年学校送茶叶等矿植物标本和图谱126种参加巴拿马国际博览会展览，受到好评。

教育家黄炎培非常欣赏胡晋接的现代教育实践，亲自到"二师"参观。他在教育考察日记中深有感触地写道"余观是校，不觉为之神往""出省所见师范，此其第一"。

点评

> 桃李不言，下自成蹊。近代徽州教育的开拓者胡晋接在"二师"的教育实践，开创风气，堪称"师范"。
>
> ——毕民智

中国农学界的第一位女教授

作为中国农学界的第一位女教授,曹诚英的敬业精神全部表现在她的矢志"育种"上。

清光绪二十八年(1902),曹诚英出生于绩溪县旺川村。曹诚英小学毕业后,考入杭州女子师范学校,本意是要做一名小学教师的。在她心目中,小学教师这个职业是非常神圣的。但她是一个生性清高、崇尚独立的人,不肯依附和奉迎。为了不改变自己的人生信条,她萌生了"仰面求人,不如低头拜土"的念头,立志学农。

当时,女子读书者少,学农的更是屈指可数。曹诚英所在的班上,仅她一个女生。她出身富裕之家,且身材纤弱,容貌秀美,班上同学最初都怀疑她是否能读得下来这个专业。但不久,他们便知道这个女生不但学习成绩优异,而且肯吃苦,善良待人,从不以大家闺秀自居。

有一次,班级开展水稻插秧实习,男生一个个争先恐后光脚下田,带队老师让曹诚英在田边看衣服。谁知曹诚英也毫不迟疑地脱下丝袜皮鞋下到田中,插起秧来手脚麻利,让许多男生落在后面,令带队老师和全班同学敬佩不已。

大学毕业后,曹诚英因成绩优异留校任教。不久,她的毕业论文译成英文,发表在美国的一家农业杂志上,这便有了她后来的美国留学之行。曹诚英意识到,农业要想以高产来解决人们吃饭问题,首先必须要有好的品种。于是,她选定了遗传育种作为自己的硕士学位攻读方向。

1937年，曹诚英带着美国康乃尔大学遗传育种硕士学位回国。1943年春，她来到重庆北碚，进入因抗日战争而搬迁到这里来的复旦大学农学院任教，成了专职教授。

抗战胜利后，复旦迁回上海，返回上海后的复旦农学院，搞科研条件仍不具备，曹诚英便在宿舍楼前园地开辟出约2平方米大的试验田。她的身体不好，经不起长时间在地里蹲着，于是，她每次做试验都带一条小凳子，坐在地里做马铃薯杂交试验。

1952年，全国高等学校院系进行大规模调整。当时的中央教育部决定将复旦大学农学院除茶叶专修科外全部迁到沈阳，与东北农学院的部分合并成立沈阳农学院。曹诚英就在农艺系任教。50岁的她完全可以不去寒冷的东北，但留在上海就意味着离开农业教学与科研，离开遗传学，离开那些爱她和她爱的学生们，而这些，是曹诚英的全部。于是，1952年9月17日清晨，曹诚英和600名复旦师生告别了久居的上海，乘专车经过几天的长途旅行，到达东北沈阳。

从那时起直到"文革"开始，可以说曹诚英度过了她一生中最安定的马铃薯"育种"日子。她的脸上经常挂着由衷的微笑。每逢元旦或一些大的节日，农学系的联欢会上总能看到这位系里的德高望重的女教授。

点评

支持一个人一辈子认真做好一件事的动力，说到底就是一种专注的力量。

——毕民智

诚信篇
CHENGXIN PIAN

徽州故事

导　言

古往今来，沧海桑田，虽然时光在流逝、时代在变迁，但是诚信始终是人格不灭的亮色，是社会凝聚的辉点。

孔子说："人而无信，不知其可。"他认为，虽然站着像个人，不讲诚信，那又怎么能够安身立命？所以有人接着他的话说："诚则是人，伪则是禽兽。"由此可见，以真诚之心，行信义之事——诚信历来都是为人处世之根本。汉朝许慎《说文解字》说："诚，信也。""信，诚也。"可见就字义本身而论，"诚则信矣，信则诚矣"。诚就是信，信就是诚，诚与信的意义完全相同。而就社会活动来看，诚与信二者又互为因果，我既有诚，人必有信；人既能信，正因我诚——其意义在于：信用由此产生。信用标志着一个人的道德水准，信用也标志着一个社会的文明程度。到了现代社会，诚信更被视为公民无法补办的"身份证"，一旦丢失，寸步难行！

作为中华民族传统文化的一个经典标本，徽州文化无疑体现着优秀传统文化的核心价值，其中有关诚信的文化密码与信息储藏独树一帜。

在程朱理学的熏陶浸染之下，徽州人特别注重天理良心，普遍讲究诚信为人。说真话，做实事；不做假，不骗人；有一说一，有二说二；说话算数，板上钉钉；不贪便宜，拾金不昧——所有这些做人的基本准则，就连深山僻野的农妇村姑也会信守终身。单单路不拾遗、拾金不昧，就不知道演绎过多少精彩的故事，流传过多少感人的佳话！至今我们伫立在休宁商山深坑口的"还金亭"前，仍然可以感受到一种朴实无华的诚信之美。

徽州人的诚信最为鲜明、最为突出的体现者是徽商。亦儒亦贾的徽州商人，历来喜欢供奉两尊神像，一个是讲"天理"的朱熹，一个是讲"忠义"的关羽，由此可看出徽商的做人原则和经营理念。徽州商人都以"必勤、必俭、必诚、必信"为经商致富之道，或"诚实为宝，信用是金；忠诚可贵，信义无价"，或"平则人易亲，信则公道著。到处树根基，无往而不利"，或"人心是杆秤，斤两要分明。要想生意好，诚信是个宝"。如此种种，归根结底都是强调两个字：诚信。诚信是徽商享誉四海的金字招牌，诚信是徽商发达鼎盛的不二法门。

当今社会，人欲横流，抵制诱惑，警惕迷误，坚守诚信为本，显得尤为紧要。试想那些唯利是图、制假售假的不法奸商，对照一下戒欺戒妄、唯诚唯信的徽商精神，怎能不幡然悔悟！如果直面拾金不昧、拒绝酬谢的徽州百姓，那些徇私枉法的贪官污吏又有何地能够自容！

立身诚为本，处世信通行。信念须高洁，立场当坚定。养德始于真，修业成于勤。忠诚思报国，终老不负心。当代公民如果人人都能以此自律，那么我们距离"诚信中国"的理想目标还会远吗？

方储惜名不惜命

"诚,信也。"这是东汉许慎编撰的文字学著作《说文解字》对"诚"字的解释。方储可以说是徽州历史上第一位被记载的宁可丢命也要说真话、做实事的人。

东汉初年,从河南固始一带迁居歙县东乡(今浙江淳安)、后被称为徽、严二州方氏始迁祖的方纮,又一个孙子诞生了,取名方储。方储少时,聪颖博学,长大后精研《易经》,通晓天文、图谶,据说能预知未来凶吉。建初四年(79),得到丹阳太守周歆推荐,方储被授郎中,开始了他的官宦生涯。次年二月,天空惊现日食,白昼如同黑夜,朝野议论纷纷。按照董仲舒"天人感应"的学说,天、人同类相通,相互感应。天子若不仁不义,上天就降下灾异以警告;若政通人和,则出现祥瑞以鼓励。因此,章帝要求大臣推荐直谏之士,指示皇帝过失。受到周歆再次举荐,方储当众发表看法:今天子无意于百姓,恩德不施,万民烦扰,故而白日无光。尖锐的言辞,就连章帝都有些脸上挂不住。众臣都暗自佩服方储的胆识和勇气。

元和元年(84),章帝要求举荐贤良方正,司空第五伦力荐方储。皇帝亲自命题测试。他将一堆乱丝置于朝堂,要求被举荐者整理。正当众人手足无措之时,只见方储从容拔出佩剑,斩断乱丝,说:"凡乱,必斩之而后理!"一反常态的处理思维,深得章帝赏识。不久,方储出任"帝都"的最高职务洛阳令。

永元五年(93)夏至前夕,和帝决定到都城北郊举行隆重的祭地

方储画像

仪式，召问方储天气何如。方储根据自己的观察，如实回答说："天当有变，御驾不宜出郊！"到了郊祭那天，和帝见天朗气清，不信方储所言，执意前往。直到祭祀已毕，仍是晴空万里。和帝回想起方储的预告，不禁恼怒顿起，派下属飞马回城，责备方储："不以忠信而以欺诈，非事君之义！"方储受到责难，虽心中痛苦，依然急切地对使者说："臣从师学习，推知凶吉预兆，知无不言。现天将大变，唯愿皇上速速乘车回銮！"使者去后，方储仰天长叹："为人臣者，以蒙受不忠之名最为耻辱！"愤然饮下毒酒自尽。

再说正在归途中的和帝，不曾料到天气突变，只见天地间一片昏暗，风雷大作，飞沙走石，冰雹大如雁蛋，伤人无数。好不容易才赶回宫中的和帝，惊恐未定，便急忙召见方储，却得知方储的死讯。和帝极为内疚，追封方储为尚书令、黟县侯，护运回歙县厚葬，立庙祭祀。今歙县霞坑真应庙遗迹，早年就是纪念方储的专祠。

点评

  方储不惜以生命的代价维护"忠诚"，青史留名。不知那些习惯在上司面前阿谀奉承之徒，面对这位徽州先贤的拷问，情何以堪！

——方光禄

千里负骨又还金

"人而无信,不知其可也。"在儒家经典《论语》中,"信"有两层含义:一是受人信任,二是对人有信用。可见,得到人们的信任比什么都重要。

唐末祁门县历口许村人许规,自幼习传儒业,稍长大后就在宣歙一带游学,边做塾师边寻师访友求教学问。他刻苦学习,后成为一位知名大儒。

话说有一年,许规又为求学来到宣州,相当一段时日就寄住在一家小客栈里。有一天,他吃过简单的晚饭,就着客栈那昏暗的灯光看起书来。突然,他听见舍旁有人正在痛苦地呻吟,连忙放下手中的书,走近一看,原来是一位住店的旅客。许规近身问道:"你怎么了,为什么这般痛苦?"那人气若游丝断断续续道:"我,我生病了,很厉害的病。"许规细看此人,只见他骨瘦如柴,脸色蜡黄,上气不接下气,显然病得十分严重。他赶紧放下手中的书卷,为病人端来一杯热水,喂他喝了下去。那人喝了点水后,似乎有了点精神,强忍痛苦对许规说:"先生,我是山东泰州人氏,出来做生意多年,现准备回家去的,没想到在归途中染上了重病,时日已无多,行将就木了。"

许规看病人一脸苦楚,安慰他说:"别急,我去给你找大夫看一下,吃几帖药就好了。"那人回道:"不必了,我已找遍此地大夫,都说无法医治了。我的病我自己知道,活不过几天了。"那人挣扎着支起半个身子,从被褥里拉出一个大行囊,从中取出一个大金锭,郑重地对许规说："先生,我观察了很长时间,看你是个正人君子,我有一事相托,请你务必应允。"

许规见病人严肃恳切的表情,只好答应。那人说道："我即将死了,但不愿葬身异乡,请先生务必将我尸身运回故乡,交给我家人安葬。另把我这些年经营所获,交给我父母养老。这里是十斤黄金,我愿赠与先生作为酬谢。"许规满口应允："你放心,我一定不负所托。"

第二天,那人果然病死。许规立即找人买来一口棺材,将尸体收拾入殓后,起身上路。此去泰州,相隔千里,一路劳苦跋涉,历尽艰难辛苦,许规毫无怨言。那一日,他终于找到死者的家,见到死者父亲。许规向他说清事情的原委,拿出死者的行囊说:"这是你儿子的东西,里面有金、银,请你清点。另这十斤黄金是你儿子所赠,我不能接受,原数奉还。"死者父亲对许规道谢不迭,坚持要履行儿子生前的诺言,许规分文不受,不肯停留,辞别而去。

点评

受人之托,忠人之事,言而有信。知名大儒许规把一个"人"字写得漂亮!

——郜延红

"还金亭"上故事多

在前往休宁县商山镇深坑口的路上，竖立着一座由8根红砂石柱支撑的亭子，这就是著名的"还金亭"。关于亭子的由来，有一个动人的故事。

那是明洪武十年（1377）的一个夏日，婺源县韩姓两人沿休婺驿道前往徽州府。途经此处，恰逢正午，汗流浃背，见河水清澈，就下河畅游，以解酷暑之热。谁知走时却把钱袋遗忘于路旁。商山人吴清垂钓过此，拾到遗金，在此坐待三天三晚才迎来失主。完璧归赵，寸金不受。后人为宣扬吴清的美名，集资建造此亭。

歙县上丰也曾有一幢房子，悬挂着"奕世德音"的匾额，还有一副"世德作求门第，还金拒报人家"的对联，也与明万历时的一个还金故事有关。那时，上丰人宋应祥、宋承恩父子在南京经商。尽管常年奔波，资产不厚，但父子凭良心挣钱，日子倒也过得并不劳苦。这天，两人来到贵池，入住旅店。两位客商携重金也同日入住，次日一大早离店。清早，宋承恩清扫房间，突然发现内有银子250两、写有苏州米行许邦伟和许邦佐名字的包裹，急忙告诉父亲。宋应祥猜想是客商所遗，决定再住一晚，等待失主。果然，第二天，原先同住的两人哭啼而来，进店寻找一遍，毫无踪影，就想出门投江。宋应祥急忙拦住，询问其姓名、身份，才知正是许氏兄弟，从苏州来此采购稻米，却不慎丢失全部资本。宋应祥当即叫来店主和街坊，验明后交还失主。许氏兄弟见喜从天降，执意拿出一半银子相赠。但宋应祥坚辞

休宁商山还金亭

不受。歙县知县深为宋氏父子的诚信之举所感动,大书四字匾额和对联相赠。

在徽州,类似的还金故事不胜枚举:明朝歙县许村人许惟复,除夕夜在邮亭捡到遗金一包,坐等失主,知府陆锡明书写"雪夜还金"匾额赠送。江村人江务本前往南京途中捡到遗金数百两,归还一对卖田偿还官府债务的老夫妻。休宁人胡鲁源拾得遗囊,坐等亭中归还失主。休宁上溪口人汪鈜拾得遗金500两,不受酬谢。太平县崔天烛,在淳安县张公祠内得遗金,归还失主,知县树碑表彰。清朝歙县古河坑人汪应鹤,在泾县路侧捡到遗金数百两,坐等失主,拒收谢礼,太守洪肇懋为他作记。歙县东关人汪圣林,回家途中捡得遗金,还金后,连姓名也没透露。祁门人方兆钥拾得金首饰,坐待失主。祁门人吴玑拾得遗金200两,呈交官府……桩桩件件,彪炳青史。

点评

古人曰"将心比心",今人说"换位思考"。如果人人如同还金之人,岂不就是"道不拾遗,夜不闭户"的大同社会?

——方光禄

还金之义贵于金

明朝的岩寺是歙县西乡最大市镇,镇上外出经商而且积蓄丰厚者很多。世居于此的真应庙方氏十二派之一的"环岩派",族人繁衍已有20余门,当时有"半街方"的美誉。科举有名,营商得利,气势如虹。顺应时势,方三应也在江西一带经商多年。

有一天,正在建昌府(今江西省南城县)做生意的方三应住进一家旅馆,事情办完准备离开,突然发现有人丢失了一个包裹,打开一看,有银子数百两。他心想:失主该非常焦急!怎么办?交别人代管,不能放心。再说失主发现丢钱肯定会原路返回寻找。于是,他决定留下等待。谁知一个月很快就过去了,却无人前来认领。无奈,他只好带回店中。从此,每次外出,他都带着这些银子,总希望碰上好运气遇到失主。然而数年过去,始终未能如愿,失主似乎从人间蒸发了。

这天,方三应在抚州乘上一条渡船。船小人多,颇为拥挤。让众人难以忍受的还有一个鸡贩子,衣服肮脏不堪不说,鸡笼子还散发出浓烈的臭气。见大家纷纷嫌弃他,鸡贩子颇为无辜地说:"唉,我以前也是个有钱人!要不是那年在建昌丢了老本,何至于此啊?!"就在众人以为他沉浸在"咱祖上也曾阔过"的幻想中,方三应却挤上前去,仔细询问他当年丢失银两的细节。果然,这位落魄的鸡贩子就是银子的失主。方三应当即将随身携带的原物归还。失主千恩万谢,一再询问方三应大名和籍贯,方三应却笑而未答。见此一幕,众人也连连感叹：真是无巧不成书！

由商入儒是徽州人的家族传统。转眼间，又过去了多年。方三应的儿子方铉科举成功，出任抚州府下辖的宜黄县知县。有一天，方铉下乡巡视，突然遇到暴雨，匆匆躲进一间民舍。不料，他见户主堂前供奉的长生牌位上居然写着"方三应"的大名。是偶然同名还是真有关系？方铉连忙询问。原来，他躲雨的户主正是方三应还金的那位失主！失主感慨地说："小民承蒙恩人还金，才得以成家立业！又从旁人那得知恩人大名，就一直供奉至今。恩人真如小民的再生父母啊！"

点评

古语云："人无横财不富，马无夜草不肥。"但无论是在传统社会，还是在当今时代，"君子爱财，取之有道"，无疑更值得实践。

——方光禄

"寄信割驴草"之冤

相传明万历年间,歙县竦塘村的黄秀英嫁到了徽州府城大北街周家。蹊跷的是,新婚次日早晨,丈夫周笙却不知去向,媳妇与婆母俩焦急如焚,到处托人找寻访察。到了第六天,有人在渔梁坝下捞起一具尸体,水肿溃烂得非常厉害,观者无不捂鼻而嘘。黄秀英与婆母踉踉跄跄地赶去现场俯视辨尸,两人细认半晌,无法断定。正当婆媳欲辞尸返岸时,周笙的娘舅要姐姐反复想想,外甥身上是否有明显记号可供辨认?此言提醒了周母,她记得周笙的左脚有六趾,急忙与弟弟蹲下察看。霎时,周母号天跺地,并与弟弟一同扭住黄秀英要去见官,直接告到徽州府衙大堂。

审理案子的知府姓黄,他一听被告黄秀英直诉冤枉,将惊堂木一拍,发下签牌,对她施以十指夹板刑,摇头喊冤的黄秀英最终被屈打成招,于是衙役让她具状画押。知府命衙役抬出磨驴,并亲自押赴府城四门,将"谋杀亲夫"的黄氏骑磨驴游街示众。

隔不多日,上司批文下来,由行刑的刽子手将黄秀英就地处斩,刀举头落,冤魂冲霄。之后,只见一位青年后生不顾衙役的拦阻,冲入刑场抱尸恸哭。黄知府以为奸夫自投罗网,随即命人将他绑押回衙。经过审视发现,来者竟是闻讯返家的黄秀英亲夫周笙。

周笙痛诉起事情的原委:身为商客的他由于多年在外经商,自己养成早起习惯。虽然头天成亲,但因商事急务在身,便在五更时分独自披衣起床启程上路,未唤醒熟睡中的爱妻就不告而别,又因要匆匆登船，就顺口嘱托在路边割驴草的同村人王二捎个口信知会家人。谁知那个不着调而又不负责任的主儿回村之后多喝了两杯酒，竟然把这事给忘掉了，后来转身去绩溪县运货物，之后又到旌德县赶庙会，好长时间也没有回家。碰到这样一个误事坑人的糊涂蛋儿，黄知府真是哭笑不得，只好差人弄清六趾男尸的身份。原来那男尸是练江上游地区绩溪县境的一位汉子，他是趁河里涨水时下河捞木而不幸溺死的。

徽州府衙"寄信割驴草"案审理处

数日后，应民间诉求，黄知府再次升堂重审这桩冤屈案件，他喝令衙役把周笙、王二押上大堂，将周笙打了二十大板，以诫他重利忘家；割去王二的一只耳朵，以警之失信误人；然后命人抬来"明察秋毫，铁面无私"的匾额，亲手把它砸碎，又将乌纱帽取下放到公案上，把府印交给到堂见证的府学训导，暂且委他执掌。

之后，徽州府学教谕周赟为警世人，在河西桥头路边一座"冤妇"墓旁侧立起一块碑，上面镌刻着"重利忘家者戒，寄信误人者戒，酷刑枉杀者戒"。这就是有名的"三戒"碑。

点 评

这个故事反向教训世人：若找那种没有信用又不靠谱的人办事，等于是托鬼望病，最终没有好结果。

——郝延红

"还金"引出"还金"来

诚信"还金"是一桩美事，而由一次"还金"引出另一次"还金"，更是一段佳话！

故事发生在明朝的黟县。这天，黄陂人汪文保前往徽州府办事，在路边发现一布包。打开一看，白花花的银子有200两之多。是谁如此粗心？他联想到这里是祁北、黟北通徽州府的大路，近来又是各乡民进城缴纳粮赋的日子，或许失主就在前边。想到这，汪文保不由得加快脚步。

果然，刚到徽州府衙前，就见一人号啕大哭，周围的人或安慰，或叹息。一问，原来是祁门谢姓人，进城纳粮，却丢失了银两。汪文保赶紧让他回忆布包颜色式样及银两数额，发现正好与他捡到的相符，当众清点归还。失主感激涕零，执意分金相酬，汪文保一再推辞，围观者也议论纷纷。

衙门外的人声鼎沸惊动了知府。他命人弄清事情原委后，将汪、谢召入府署。知府对汪文保说："按《大明律》，拾到失物应在五日内送官，违者笞十下；如失主在官府公告一月内认领，应付拾得人失物价值一半的报酬；超过一月不来认领，失物归拾得人所有。你该接受他的酬谢。"汪文保固辞不受。知府只好对失主说："报德方式多样，何必以金钱相强？"失主考虑片刻，对知府说："小民有两女，待字闺中，愿与汪家结亲。"知府赞同，转而问汪文保："你儿子年岁何如？"汪答："犬子八人，皆已婚配。"又问："那有孙子吗？"汪答：

"有孙三十人，长者已成婚，幼者年岁不配。"知府感叹不已道："真是有德才有这般福气啊！"继而又问："亲属中有年龄相当的吗？"汪文保答："我有一弟年龄合适。"知府大喜："好！今我保媒，谢氏女许配汪文保之弟！"随后吩咐衙役："取果酒来，备鼓吹礼送汪、谢出衙！"

汪文保诚信还金义举因此载入县志。

话说到了清康熙年间，徽州府同知到黟县考查生员，以汪文保还金为题。有秀才江尚济写就《上郡司马书》："曾祖江彦良，明宣德年间蓬厦人，家极贫苦，以农为业。曾在路亭拾银三百两，守待许久，才见到失主，原是在外经商十年回乡探亲的游子所遗。曾祖不受分金之酬。乡人至今称该路亭为还金亭，而县志失载。"同知阅罢，立即前往调查，见路亭尚在，江氏子孙常加修葺；村民口述与江尚济所书一致。他认为此等乡贤佳话，理应广为宣扬，遂命修志时补入。乾隆时，主讲紫阳书院的侍御史赵青黎，不仅亲书匾文"明江彦良拾遗三百金俟其人还之于此"，还作《书江氏还金亭记》，流传至今。

点评

弘扬乡贤善行，营造良风美俗，古今朝野，人同此心。今日评选、宣传各类"好人"，不正是对前人经验的继承吗？

——方光禄

平生不愿作伪的父子

说到拒伪守真,程京萼、程廷祚父子真是一对典范。

程京萼祖籍歙县,祖父程虞卿始迁居上元(今南京市)。他虽然出身于小商人之家,却自幼熟读传统典籍,擅长作文,又精于书法,在南京一带颇有名气。清康熙年间,时任江宁织造的曹寅,与康熙既有君臣名分,又有亲戚情谊,曾连续五次承办康熙南巡接驾大典,所受到的信任与器重大大超出总督、巡抚等地方大员。曹寅又喜好文艺、藏书,精通诗词、戏曲和书法,与江南上层知识分子常常诗酒流连。他听说程京萼的文名,就想罗致门下。谁知传话过去后,程京萼竟无动于衷,并未主动上门联络。曹寅以为这只是酸腐文人的清高相,又请人让其伪作董其昌书法,并应允酬谢重金,保其一年生计无忧。不料当时正处于经济困窘之中的程京萼却严词拒绝:"吾平生不能作伪!"

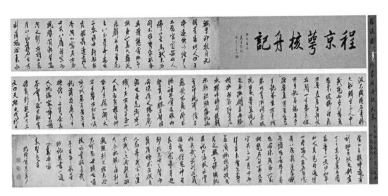

程京萼书法长卷

程京萼的高节清风也影响着他的儿子程廷祚。程廷祚自幼秉承父教，不妄言语，亲友曾有"程娘子"的戏称。但他继承了其父刚正不阿的秉性，对于大节从不苟且，即便可能带来的功名利禄、荣华富贵，也一概漠然视之。

乾隆元年（1736），弘历刚登基，就举行雍正皇帝生前尚未完成的博学鸿词科考试。这种在常态的科举考试制度外设立的考试，既能选拔那些被正统而严苛的科举考试摒弃的有真才实学之人，又可打造皇帝崇文的形象。考试不限秀才、举人资格，不论是否入仕，凡得到总督、巡抚推荐，均可入京考试，入选便可任官。程廷祚虽然治经多年，对天文、舆地、食货、河渠、兵农、礼乐等都有精深研究，但科举之路并不顺利，20岁中秀才，此后多次参加乡试竟未中举。此次得安徽巡抚王铉举荐，自然机会难得。当时，朝中张廷玉与鄂尔泰同管枢密，却关系对立，门生故旧与朝臣也分别依附站队，相互排挤。张廷玉是桐城人，听说程廷祚来京，即想拉老乡入盟。他令人转告程廷祚：认我为座主，考试必入选。然而，程廷祚不愿如此猎取功名，拒不前往，并复信表明心志："上交不谄，下交不渎"，这是先圣明训；我与阁下，既非师生，也不相统属；交接权贵，并非真正士人之所为。不卑不亢，正色回绝。自然，这次考试程廷祚也被刷落。此后，他从未参加乡试，唯闭户穷究经典，直至去世。

点 评

　　金榜题名、权贵垂青，无论古今，常人所梦。然而，是选坦荡大路还是走歪门邪道，折射出的却是当事者的品德和人格！

——方光禄

诚信起家家业旺

提起明清时期的歙县棠樾，众所周知，那是富商集聚的村落。但若论他们的兴业之途，则未必相同。有的靠勤劳，有的凭精明。而鲍士臣起家，全因其为人诚信。

鲍士臣，清朝人，5岁时，母亲不幸辞世，父亲辛勤一生，却入不敷出，不仅将不多的一点房屋地产典给他人，还欠下一笔债务。鲍士臣刚成年，父亲没能扛住生活的重压，告别人世。眼见一贫如洗的家境，鲍士臣咬咬牙，学着同乡，踏上了外出谋生之路。他历经艰辛，来到江西鄱阳。有人请他管理账目，经了解，他发现雇主不正派，收入不正当，没有接受。几天过去了，合适的工作尚无眉目，但已身无分文，无奈之中，只好为旅店老板舂米度日。

这天，来了一位客人投宿，未等天明就离店而去，却不小心把钱袋丢在门边。鲍士臣早起如厕，发现了袋子，打开才知装了银两。望着这白花花的银子，困厄之中的他没有动心，而是迅速告诉店主，请求店主等待失主寻来再归还，店主慨然应允。果然，没过多久，客人匆忙赶来寻找。店主核实清楚，将银两如数交还，并告知是鲍士臣拾金不昧。失主一再拜谢，又主动拿出酬金表示谢意，鲍士臣坚辞不受。

店主见此，十分感佩鲍士臣的诚信，不仅厚待他，还经常宣传其懿行美德。渐渐地，鲍士臣成为当地人争相交往的对象。有人主动降低利息借钱给他，鲍士臣因此走上经商之路。由于他讲诚信，行道义，声誉很高，每到一地，顾客总是争先购买他的货物。时日一长，鲍士臣积蓄了一定资产，不仅归还了先父欠债，还赎回了典当出的田庐，家境日渐宽裕。

晚年，鲍士臣携子回归故里。他的一位朋友因父亲陷入官司，急需一笔资金，便委托鲍士臣带回。当经过洞庭湖时，狂风大作，渡船左右摇摆、上下颠簸，有倾覆之虞。同船人惊恐万状，害怕自己遭遇不测，唯鲍士臣别有忧心，对儿子说："今天我若和你遇难，这是命中注定。只恨我受人之托，而不能帮人成事，他的亲人仍陷牢狱之中，如何是好?!"好像是鲍士臣的诚信感动了苍天，狂风骤然而止，渡船平安靠岸。后来，朋友的父亲也脱离了牢狱之苦。

点 评

俗话说：善有善报。在物欲横流、求财心切的当今，静心学学鲍士臣，也未必不是一条兴业坦途。

——方光禄

"江公道"的公道

"无商不奸"历来是流传极广的一句俗语，但是，不管是从出典还是从逻辑分析，这样的判断都经不起推敲。无论古今，只要有心在商海成就一番大业，都会斟酌取予，其标准当然只有一条：公道。

江羲龄是清朝歙县江村人，少时精读儒家经典，品性正直，后在芜湖一带经商。经营中，他遵守古训，取予有道。有一回，顾客购买商品，不小心多付给他一些银两。待他核账时发现这些多付的银两，便辗转寻找，将其退还顾客。时间一长，当地人都赞誉他为"江公道"，以至于本名倒不大为人所知。

其实，徽州不仅有"江公道"，还有无数的"程公道""潘公道"……

江灵裕是清咸丰、同治年间婺源人。幼年时父母双亡，成年后与哥哥分家时，为债台高筑的哥哥偿清债务。他在浙江温州经营茶业时，有一次，恒泰银号一笔4000两银子的款项忘记销账，再次拨付给了江灵裕。江灵裕盘账时才得知，赶紧嘱咐手下人尽数退回。银号主管和业务员先是惊惶万状，随即又感激不尽。

程焕铨也是以"信"经商。他曾受广东番禺友人张鉴之托，替张鉴管领张氏族人运盐20000多引去海南。谁知到海南时，张鉴已不幸辞世。张氏族人想乘机瓜分货物，程焕铨坚决反对，坚持将货物完璧交给张鉴之子。

潘鸣铎也是婺源茶商，长期驻留上海，凭借出众的信誉，深得交易各方信任。有一年，同县有方姓茶商将一批新茶运抵上海，不料茶市突然低迷，进退两难：卖吧，亏损严重；囤吧，债主紧逼。走投无路之中，准备投黄浦江自尽。潘鸣铎得知后，将其茶叶按市场最高价收下，现金支付，让他回乡。后来，潘鸣铎将这批茶叶囤积一段时间，交寄洋商销售。到清盘时，发现尚有利润500两，自己分文不取，全部交给方某。

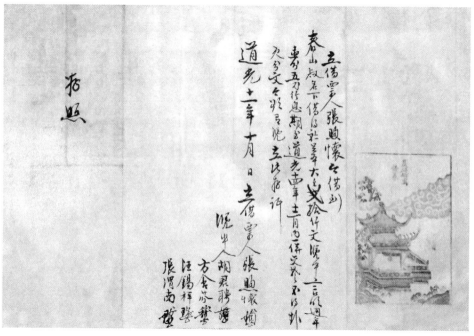

清道光年间借款执照

不取固然少见，多予更为难得！

唐祁是清朝歙县人。他的父亲曾向他人借银若干。几年后，债主上门讨债，但告知借券不小心遗失了。唐祁如约支付了本息。谁知不久，又有人上门索讨，所持的居然是真正债主所遗失的借券。唐祁没有犹豫，又偿付了本息。此事传出，众人都笑唐祁迂腐。可唐祁认真地解释说:"前一个虽无借券,但借款事真;后一人借款虽伪,但借券为真。何况当初我父亲经济困难时,他能相帮,感激都还来不及呢!"

点 评

"君子喻于义,小人喻于利。"在"信义"和"利益"的天平上,该往哪端倾斜?"江公道"的选择已经留下完美的答案!

——方光禄

诚信经商的舒遵刚

古话说得好：诚实为宝，信用是金；忠诚可贵，信义无价。清朝黟县屏山村喜好读书的舒遵刚正是一个以诚信为本的徽商。

舒遵刚14岁时就奉父亲舒朝昌之命，前往江西波阳县拜师为徒，学习经商。清嘉庆、道光年间，身染疾病的父亲最终撒手人寰驾鹤归西。15岁的舒遵刚接过父亲抛下的香菇生意继续操持起来。他由于以诚待人，以信接物，善于权衡利弊，察时取予，精打细算，还没有到而立之年就已经财运亨通发家致富了，直令身边的同行们欣羡不已！

于是大家纷纷上门向舒遵刚讨问赚钱取财的法门秘诀。这不，某一日，就有几位生意人走进他家，专门请教经商道法。舒遵刚则以礼相迎，逐个奉茶敬客。待各位落座甫定，他就说开了："按照我的体会，所谓钱者，泉水也。钱犹如流水一般，有源头自然有水流来。当今的一些商人，专以狡猾奸诈之术骗取钱财，那是自竭其源、自塞其流呀。人人都晓得奢侈为人生之过，却不知吝啬也是人生之过。当你付给买家一斤的东西，却要克扣人家一两，沾了顾客的一点便宜，这样的生意也就只能做一回，因为你这不义之举已经失信于人，人家第二回第三回还会来跟你做生意吗？"

接着他表示本人其实也并无特别之处，只是平常一有闲暇就喜欢忙着看书，读四书五经等，每夜必熟读一下，一直读到夜半三更为止，才上床寝息。"我等经商之人，人人都要熟读孔孟程朱四子的书，因为经商有道，这道就在书里。生财有大道哇！要以义为利，不能以利为利。因义而取财，不竭其源，也不塞其流，会源远流长，这不仅是生财之大道，更是人生之大道！"

最后他进一步赤诚坦言："先前的圣贤说的诚信，就是我们商家做人做事的大学问。诚者，诚心诚意也。信者，言而有信也。我对买家真心实意，只讲实在话，不讲假话，不虚妄失真，不要奸使滑，买家也就必然信任我这样老实的生意人，于是自然就会跟我交友贸易，还有不少回头客，即使有时一下做不成生意，也一定留下情义，长此以往，信义远乎，后续的生意是有得做的，经商之道全在诚信上下功夫。如此，又何愁财源不滚滚而来呢？"

在场的宾客们禁不住点头赞许道："原来秘诀在此！"

点 评

舒遵刚特以诚信言商，强调由义取利，真是生财之道，可鉴可取呀！

——郗延红

卖真卖假见人心

"雾里看花,水中望月,你能分辨这变幻莫测的世界?"这是《雾里看花》的几句歌词。雾里花、水中月,真和假、实与虚,如今商界太多的"纷扰"与"变幻莫测",使"借我一双慧眼吧"成为顾客的厚望。而明清时期,徽州不少商人却能自觉拒假求真!

明朝歙县富源人胡仁之,在江西南丰县经营稻米生意。他虽是一位普通粮商,但毕生信奉程朱理学。他曾自豪地说:我一生唯服膺"天理"二字。"五常"也好,"万善"也罢,无不由此而生。还将自住房屋命名为"居理"。对于经商,他讲究公平、诚信,经验是:平则人易亲,信则公道著,到处树根基,无往而不利。有一年,南丰一带遭遇饥荒,米价飞涨,每斗高达千钱。当地一些黑心粮商乘机牟利,动员胡仁之一道在粮食中掺假杂劣,胡仁之断然拒绝。不久,当地出现饥民"吃大户"风潮,粮商损失惨重。由于饥民佩服胡仁之的守信经营,因此唯有他经营的粮店幸免。

徽州产好茶,但唯有销往远处方能获利。广州是鸦片战争前我国茶叶唯一外销欧美的口岸。但将茶叶从徽州运至广州,长途跋涉,耗时短则三四个月,长则半年以上。对于有时效限制的茶叶来说,

"真不二价"牌匾

一旦时机错失,价格将大打折扣。朱文炽是清朝婺源官桥茶商,常年从事茶叶贸易。有一年,因路途耽搁,他的茶叶贩运至广东已是年底。售卖时,双方订立交易文书,朱文炽必书"陈茶"两字,以示真实。茶行牙侩力劝他不要注明,朱文炽不为所动,虽亏耗资金数万两,但始终没有怨悔。

吴鹏翔是清朝休宁冰潭人,侨居汉阳,讲孝友,济贫困,声誉素著。有一年,汉阳出现饥荒,粮价上涨。吴鹏翔正好从四川运米到此,若按市价销售,可轻松获利数倍。但他决然降低价格,依平价出售。不仅平抑了粮价,也赈济了百姓。上自巡按,下至州县官员,无不对其嘉奖。又有一次,他购进大量胡椒,有内行人仔细辨认后,顾虑有毒。吴鹏翔二话不说,命伙计全部烧毁,以防转售害人。

点评

徽商普遍供奉朱熹和关羽。朱熹的"天理",关羽的"忠义",就是徽商致富的秘诀。愿普天之下经商之人都能由此悟得真谛。

——方光禄

历经半个世纪的婚约

这是一个有情人终成眷属的动人故事!

程允元是清朝歙县岑山渡人,因祖上经商,侨居山阳县(今江苏淮安市)。其父程勋著起初经商,后游历北京,谈吐儒雅,交友甚广。一日,程勋著在旅店邂逅进京候选部曹的平谷县人刘登庸。二人相谈甚欢,成为至交。程有子,刘有女,恰好同为2岁,于是定下秦晋之好。不久,刘登庸出任平阳府(今山西临汾市)知府,后调任蒲州(今山西永济市)知府。

刘登庸年已六旬,却无子嗣。其妻病故,他伤感不已,身染重病。临终前,他嘱咐女儿:父母之命、媒妁之言。程允元是你的丈夫,千万谨记!因刘登庸为官清廉,一生少有蓄积,刘女扶柩归葬后,只得在故乡以女红维持生计。

祸不单行。再说程勋著,在亲家外任后,因路途遥远,自己居无定所,与刘登庸联系日疏,几年后,也不幸病故,家道迅速中落。程允元在淮安守孝三年,目睹家徒四壁,无有依靠,决定前往山西寻找未曾谋面的岳父。不料途中听说岳父早已不在人世,急忙改道直奔平谷县。好不容易找到村落,却发现仅有几间残破老屋的门上,铁锁都已锈蚀。询问乡邻,都说不知刘女去向。奔波千里,盘费耗光,走投无路,只好返回。一路受尽旅店、饭馆老板白眼,幸得好心人相助,才辗转归乡。

落拓之中的程允元四处教书,生活才稍微稳定。旁人劝他另娶家室，他断然拒绝：刘女存亡未卜，如已不在人世也就罢了，但若还守贞待字，我怎能抛弃？不念结发，另喜新欢，不是我做的事！孑然一身，岁以为常。

转眼间30多年过去了。乾隆四十二年（1777），正在漕运船上教书的程允元，随船队来到天津。这天，他与船丁上岸喝茶，恰闻有人谈论一刘姓女子：幼年定亲，父母双故，委身姑母，居接引庵数十年，虽三尺孩童也不得见。程允元大惊：莫非就是自己的未婚妻？急忙赶到接引庵求见。谁知刘女确信程允元身份后，虽喜出望外，却回话拒绝：桃开花、梅结果，都因恰逢其时。如今我年老颜衰，还要洞房花烛，岂不笑话?！都怪我俩缘分浅薄，感谢程君诚意！程允元再三求见，终未如愿。

无奈之中的程允元，击响了县衙的登闻鼓。知县金之忠访求事实后，深为感叹，决心成人之美。当即亲赴庵中，晓之以义，动之以情。次日，传令刘女进县衙，与程允元当堂合巹。一对年已57岁的有约之人，终成眷属。皇帝也感佩于程子之义、刘女之贞，同意建坊褒奖。

点 评

一个旷夫，谨遵道义；一个处子，誓守贞节。听了这个故事，不知那些看重及时行乐、追求"当下幸福"者作何感想？

——方光禄

不顾搜捕守信义

在和平时期，因讲诚信，个人最多损失一点钱财；但在战乱年代，可能要以生命为担保。清朝祁门廪生章日起就曾有过这样一段难忘经历。

章日起，平里人。他在传统而严格的家风熏陶下，养成慷慨大方、讲义气、重承诺的秉性，曾在父亲建议下，带头捐资，首倡创建义仓。果然，不久，地方上出现饥荒，不少百姓无以为生，章日起主持开仓平价出售仓谷，乡民赖以渡过难关。咸丰年间，太平天国运动风起云涌，太平军势如破竹，一路从两广迅速推进到长江中下游地区，占领南京。徽州虽属山区，不利于大部队展开作战，但因地处皖、浙、赣三省交界，战略位置重要，太平军与清军谁都不肯轻言放弃。

咸丰三年（1853）夏天，太平军有从江西浮梁、景德镇进军徽州的动向，祁门知县唐治谕令各乡兴办团练。章日起率先响应，发动壮丁，置办武器，组织训练。次年正月，太平军越过榉根岭进入祁门境内。唐县令决定舍身固守城池，但又恐兵力单薄，城破后官府资产损失殆尽，于是悄悄将官银千余两委托章日起妥为保管。

果然，经过一场激烈战斗，太平军攻破祁门县城，唐县令殉职。随后，太平军深入四乡搜捕团练。章日起牢记唐县令重托，嘱咐家人从速搬运官银避入深山，而将自己的私产置之度外。太平军撤退后，局势逐渐平稳，章日起才让家人从山中取回官银，分文不少地交给代理县令陈兆元。

　　自此之后，每当战乱将至，当地避乱者纷纷将家属、财物托付给章日起，希冀赖以保全。而章日起不仅没有怨言，还总能不负众望。以至于同治《祁门县志》编修者这样高度评价他："为城乡倚重十余年！"

点评

"疾风知劲草，板荡识诚臣！"只有在危急关头，才能考察一个人的品质和节操；只有经过血与火的洗礼，才能看出一个人的信仰和忠诚。

——方光禄

忠诚护主的徽州义仆

诚信篇 CHENGXIN PIAN

在徽州传统社会,生活着一个特殊群体:人数不多,地位较低,工作辛劳。他们就是行动受到部分制约的佃仆。在程朱理学主导的社会生活中,历史舞台上也常活跃着他们的身影,并以"义仆"的称号定格在各时代官、民编纂的方志、典籍中。

小黑是明朝歙县开黄里人,主人家庭特殊:主母年老而贫困,其子羸弱而患病,全靠小黑砍柴卖柴过日子。有人劝小黑:凭你的勤劳,入赘富裕之家,何愁过不上更好生活?小黑坦然回答:我的命就是主人的命!生则养育其身,死则侍奉其鬼,何须娶什么媳妇?有朝一日,能埋身于主人之侧,我心足了。就这样,30多年过去,主母和其子先后辞世,小黑也进入暮年,身体大不如前。主人亲属选了一块墓地,安葬主母与其子不久,小黑也离开人世。人们将小黑与主人葬在一起,并称其坟为"义仆冢"。

小二原籍山东郯城县,遭遇灾荒,年仅7岁的他与父母一道流落他乡。不幸的是,父母突然去世,无以为殓。歙县县城人俞标路过,见此惨景,出资安葬其父母,并将小二带回歙县收养。小二萌发终身报答恩人的念头。小二十多岁时,俞标准备为其完婚,但被他谢绝。不久,俞标带着小二外出经商,不料路遇辽兵劫掠,俞标被绑,鞭如雨下。小二奋身抵挡,以致体无完肤。后来,俞标身生恶疮,高烧不退,生命危在旦夕。夜深人静之际,小二悄悄焚香祈祷,恳求上苍,愿以身代。医生说:"也许吮吸能将体内毒素排出。"小二一听,不顾自身感染的危险，为俞标吮毒。不知到底是毒素真的被吸出，还是小二忠诚之心感动苍天，俞标的病慢慢痊愈了。不知不觉中，小二先后整整服侍了俞家五代人！75岁那年，安然去世。俞氏深感小二的忠诚，将其牌位附立于家庙之中，每年春秋，祭祀无有间断。

当年戴联侃与义仆居住的隆阜老街

屯溪隆阜是戴氏集聚地。清康熙初年，一股福建流寇北上，侵扰休宁，当地居民远避深山。这天，戴联侃尚未出逃，流寇突然闯进村落。仓促之间，他家的仆人来旺忙将主人的细软藏入水池，并让戴联侃躲进马厩，自己独自应付局面。贼寇抓住来旺后，逼问戴家钱财和主人藏在何处，来旺一声不吭。贼寇气急败坏，对他施以炮烙之刑。来旺痛得昏死过去，又被冷水泼醒；一顿乱棍毒打，来旺又陷入昏迷。盗贼一无所得，匆匆退走。戴联侃急忙请医相救，无奈伤情过重，无力回天。来旺去世后，戴氏宗族破例将其牌位迎入祠堂，世代供奉。

点 评

  在阶级社会中，个体或有等级之别。但是，放眼人类历史，善良、友爱、忠诚、感恩，这些超越社会等级的品格和情感，何尝不闪耀着人性的光辉。

——方光禄

"戒欺"牌匾传万世

为人莫做亏心事，举头三尺有神明。徽商杰出代表、晚清著名红顶商人胡雪岩便是戒欺制售良心药的一位仁商。

胡雪岩原为徽州府绩溪县湖里人氏，他先是在浙江杭州城内开成了一家雪记药厂，接着又于同治十三年（1874）创办了胡庆余堂国药号，研制并销售"胡氏避瘟丹""诸葛行军散""八宝红灵丹""紫雪丹"等良药。在行业竞争中，同城的"许广和"药店曾经设下圈套将一批掺杂混假的麝香（制作"避瘟丹"必用的一味名贵药材）卖给胡庆余堂，结果导致一些病人吃了"胡氏避瘟丹"后产生了不良反应，胡雪岩对此采取了系列果断得当的措施：无偿救治病患者，当众销毁伪劣品，严肃处理当事人，并在报馆发布声明澄清事实真相，从而力挽危局，为胡庆余堂赢得了更高的声誉。

有一天，一位湖州香客到胡庆余堂买了一盒避瘟丹，打开一看，微露不满神色。胡雪岩看到后当即上前审视，发现这份药确有品质欠缺之处，就再三致歉，然后吩咐店员另换新药。真不凑巧避瘟丹已经刚刚售完，那一盒还是上一批剩余下来的，伙计见色泽虽差一些，但药效不会减，就卖给那位香客了。胡雪岩当众将这药丢入火中烧毁。他感念顾客远道而来，便留他住下，免费吃住，并向他保证：三天之内把新药赶制出来。三天后，果然他把新配制的避瘟丹送到湖州香客手上。湖州香客为胡雪岩这份认真劲儿深深打动了，此后逢人便讲胡庆余堂服务周到，而"胡大善人"又仁义待客的事情，于是这就顺理成章地成了极好的活广告在民间口口相传开来。

实际上,胡雪岩一直把"以仁立业,存心济世"作为自己创办药店的初衷(有"是乃仁术"嵌石匾额为证),始终秉持良心来经营打理着他的药业生意,他还在药店里悬挂一块"戒欺"横匾,这块横匾是由他亲自书写署名并签章制作的,其后小跋说得好:"凡有贸易均着不得欺字,药业关系性命,尤为万不可欺。"胡雪岩还经常对身边的朋友说:"我存心济世,立誓不拿劣品获取厚利。采办务真,修制务精,不至于欺骗我并欺骗世间人,这样也就造福社会积了阴德……"胡雪岩将"采办务真"和"修制务精"当作支撑"戒欺"信条的两根支柱,始终抱定药店的经营理念:"一曰货真,二曰价实,三曰量足,四曰守信。""采办务真"是说原料要精选地道药材,如当归、党参、黄芪必须到陕甘进货,杜仲、川贝、黄连必须入川办理,而人参、虎骨、鹿茸当然要上东北采购。"修制务精"是指制药必须考究器具、不惜工本、讲究工序、精工细作。譬如制作镇惊通窍的急救药"紫雪丹",其最后一道工序不宜用铜铁锅熬药,胡雪岩就不惜耗费黄金133克、白银1835克铸造成金铲银锅专门供制药之用。胡庆余堂就一直遵守这样的祖训在行事,使得雪记药品饮誉中外。

点评

　　胡雪岩抱持"戒欺"信条律己律他,凭良心制售那人命关天的药品,体现出商人对于社会责任的自觉担当,诚为可贵。

——郁延红

同德仁宰鹿布信

在屯溪老街繁华的街面上,有一家由休宁县程德宗、邵远仁两人合资创办于清同治二年(1863)的"同德仁"药店,它是一家中华老字号百年中药店铺,若说它的布局真叫别致:但见药店柜台上竖立"橘井流香"的金漆字匾"万年牌",店堂口上摆放着一张红木八仙桌和两把太师椅,中堂挂有"仙鹿图",画面上有一头嘴含灵芝草的梅花鹿,两边配挂一副实木镶框对联:"架上丹丸长生妙药;壶中日月不老仙龄。"这鹿画与配联的背后寓藏着一个至今人们都津津乐道的故事。

"百补全鹿丸"是同德仁药店经营的一种冬令补品,原是自制名药。为了取信于众,同时也为了推介药品创响名牌,同德仁的经营者学着杭州胡庆余堂药店制售"全鹿丸"的成功做法,安排药店在每年秋末冬初之季,进行一次布信打广告式的制作表演:他们派人在事前到附近乡镇四处张贴"虔修仙鹿"的广告,在特意选定的日子,叫人将活鹿绑在木架上,披红又挂彩的,雇四个年轻的小伙抬着,吹吹打打,沿着屯溪主要街道以及近郊周巡一圈游遍全城,然后抬回药店,在大庭广众下,在众目睽睽中,在鼓乐击吹的喧声中就街当众缢鹿宰杀,除毛剖腹,掏去杂屎污物,提取活血鲜皮、肝胆内脏、茸角蹄筋,将鹿躯全部剁碎蒸熟,按入药的要求取用配入32种药料,敲打拌匀,然后焙干并磨成细粉,掺入蜂蜜制成药丸。凭借过硬的质量,这家药店生意自然也就逐渐红火旺盛起来。

同德仁药店

屯溪同德仁药店宰鹿布信打广告,很快就在皖南播名遐迩了。

点评

对内注重产品质量,对外讲求品牌信誉,这就是同德仁药店"万年牌"昭示的诚信内涵!

——郝延红

信誉牌匾不可卖

"人心是杆秤,斤两要分明。要想生意好,诚信是个宝。"这首徽州民谣放在徽商胡荣命身上就很贴切很灵验。

胡荣命是黟县西递人,在清道光、同治年间,他就被"往外一丢",到江西省四大名古镇之一的永修县吴城镇经营起日用杂货生意来,一家老小都赖此为生。那个时候,吴城一地舟楫争集,商业兴旺,街市商号,沉浮多变,而这位"为人仁爱而厚道,具有长者之风"的胡荣命以诚待人、以信接物、以义为利,向来童叟不欺,生意蒸蒸日上,由是致富发家,名气日重。当地人便送上一块牌匾,署额"黟诚堂",对此他万分珍惜,索性以此作为店名,诚信经商。

俗话说,叶落要归根。转眼间,年迈的胡荣命已届古稀之年,他打算变卖掉房产,回到黟县故乡安度晚年。而吴城当地一位商人动了念头,就想用重金买下他的整片店肆包括牌匾店名,好利用它们继续经营打理生意。

面对重金利诱,胡荣命却对那商客说:"我的所有店铺房产包括那些货架、柜台、账房设施等全都可以卖给你,就这牌匾店名除外。"

"既然那些都能卖,为何这个不行呢?"那位商客不解地追问。

胡荣命道:"这么跟您说吧,包括那些货架、柜台、账房设施,我的所有店铺房产都是从前人手上盘过来的,有价可估!而我的'黟诚堂'牌匾店名则是靠我几十年的诚信做人、诚信经商,得到人们的认可才获得的,无价标售,我断不能把人们给予我的这份信任和赞誉卖给你!"

谁知商客还不死心道:"先生您本人就要回归故里,留在吴城这里的任何声誉也没有什么实际价值了。我今儿愿意花费重金买您的全部店铺资产,您把牌匾店名也一并卖给我,还能获得最后一笔生意的好价钱,这难道不划算吗?"胡荣命的一位朋友也出面劝他说:"这是无本生意,您又何乐而不为呢?"

然而,胡荣命最终还是断然拒绝了那位商客提出的"以重金赁其肆名"的要求,并回应了朋友的劝说:"既然他也看重我的这个牌匾店名,为何不去靠诚实为人和诚信经商来赢取顾客的信任和赞誉呢?他自己如果也能诚实做人、诚信经商,生意也会越做越红火的,为何非要借用我的牌匾店名呢?假如他做不到诚实为人、诚信经商,那到时候还不败坏掉我的好名声吗?我如果把我的店肆名称给他用了,终究会把我几十年苦心经营所形成的良好声誉彻底给毁掉的!我绝对不能这么做呀!"

点评

> 好名声是买不到、借不来的,唯有凭借"以诚待人"去经商业贾,才能创出货真价实的金字招牌。
>
> ——郝延红

完成无人知晓之嘱托

古人说："推人以诚，则不言而信矣。"徽州传统商人大多强调"忠诚立质"，以诚立身，主张在商业经营活动中"以诚待人"，诚信为本，这是一个商人应有的品质。再者推开来讲，诚实信义是一个人得以保持的最高尚的东西。

清朝婺源商人毕周通自然就属于商界一位诚信是金的谦谦君子。

话说在外埠经商的毕周通有一年回家，邻村一位卧病在床的故交王某听到消息后就特意让人捎信请他过来面见，于是毕周通前往探望，王某避开家人，很是伤感地向他透露了一桩心事："眼下我病魔缠身危重在即，只怕是时日无多啰。对于其他事情我也近乎了无牵挂，唯独放心不下的是我那年幼的儿子。不瞒您说，我最担心的是他在我离世后的生计可能出现困难，因此我现在就提前安排一下，将平日积攒的存银60两托付给您，拜请您老兄代为保管，到时候替我从中取用，不时地接济接济他。"毕周通完全能够体会老朋友的一番苦心，当即表态将不负所托，一定会应诺照办。

王某死后，没有一个人知道存银的事情。但是毕周通为了这60两存银，回到家后，就专门设立一个账本，登记下存银的年月及利息数。

果不其然，后来王某之子真的如其父所料的那样，主要靠上山砍柴卖钱来谋生，一度日子过得相当艰难。十年过后，王某之子已经长大成人，毕周通把他和他的叔父请到一起，便拿出原记账簿，将王某的存银连本带利一并奉还，王某之子感动得热泪盈眶。

点 评

  毕周通能在"人无知者"的情况下，将亡友王某的存银连本带利一并奉还其子，这难道不是徽州儒商仁心存厚的一个楷模么？

——郗延红

怀诚守信生意经

宋朝理学创派人物程颢、程颐说过:"进学不诚则学杂,处事不诚则事败,自谋不诚则欺心而弃己,与人不诚则丧德而增怨。"太平县永丰乡岭下村人苏锡眉正是一个怀诚守信的成功商人。

苏锡眉的故乡岭下村

苏锡眉的祖父苏成美本由经商起家,号称"苏百万",曾经总结出"必勤、必俭、必信"的经商致富之道,而可贵的是,同样自幼丧父却能励志吃苦的苏锡眉能够做到恪守此道,他不仅承继了苏家重商敬业、行事持重、务实真诚、俭朴谦和而又讲求谋略的传统,还具有百折不挠的进取与开拓精神以及勤慎诚信的经营作风。他20岁时即升为管事(经理),25岁的他已成为苏氏宝善堂商业企业运筹帷幄、主持大计的当家人。他刻意钻研经营方法,十分讲究善贾之道。他主张以德感人、知人善用,即使员工在工作中出现失误或其他问题,他也都是以教育为主,不轻易辞退。因此,苏家企业内老职工多、向心力强。苏锡眉用人虽然讲究血缘关系、宗族关系及地域关系,但更注重道德品质和真才实学,重在识才用才,不唯亲而唯贤与能,且用人不疑,这是苏氏家族企业能取得不断发展的重要原因。

尤其是在经营生意方面,苏锡眉坚持诚信不欺的信条,明确告诫徽州内外各地的苏德源等11家盐店的掌柜伙计们,不得往盐里掺入杂物欺骗顾客。当年其祖父苏成美在长江沿岸重镇——铜陵大通和繁昌荻港开办了日新、日盛两家冶坊,他从祖父手上接管过来后,对于这两家冶坊所产的产品,不仅要求向客户按期付货,而且特别注重产品质量,有时宁可赔本,也要维护产品声誉。至于销售物品则强调按质论价,不得以次充好,掺假出售。因此,苏家冶坊生产的两耳铁锅和平底锅等产品,由于质量好、规格齐全,在长江沿岸的九江、安庆、芜湖各城市及苏北等地久负盛名,畅销不衰。

点评

守信的人是最快乐的,诚实的人是最天真的。苏锡眉留给人们的最好启示就是待人诚意则德服,经商诚信则功成。

——郁延红

见利千万莫忘义

清末民国初期,赫赫有名的汪厚庄在大上海十里洋场开办了一家祥泰布庄。休宁县城西门人汪宽也是这家布庄的布业总董。

那是清光绪二十三年(1897)春天,汪宽也已是祥泰布庄的一位看布师傅,当时布庄管事则是对他一向看好并力加栽培的胡永坤。一天下午,胡管事让汪宽也和他一起做一笔别人找上门的生意,并喜形于色地说:"上午打电话预约过的,对方是位会说中国话的洋商,在上海布业界略有名气。这一宗买卖若谈得拢,能一下子赚几千银元!"看到胡管事乐颠颠的模样,汪宽也顿生疑心:此时乃农历三月,并非布匹生意旺季,对方又是中国通,哪里会有这样便宜的好事?心里这样怀疑,他便有了几分警惕。

待到见面时,那位洋商故显神秘地告诉胡管事:"这批质量上乘的日本洋布,我以市价的二分之一转手给贵布庄。"说着,他的助手到车上取出两匹布样,小心翼翼地放在桌面上,仅仅从布的幅宽和观感看,的确不错。胡管事面带疑色地问:"品相这样好的布匹,为什么要急着低价出手?完全可以卖更高的价格呀!"洋商却从皮包中取出一张文件,用非常恳切的语气解释说:"您看公司总部的加急电报,催我紧急返回国内应对一起诉讼案件,所以我不得不将这批货特别处置,够本则可。"

一向善于察言观色的汪宽也总感觉洋商的这笔生意有些来路不对。他伸手取过洋商带来的样布,先是用眼睛贴近仔细观察,而后挨近鼻子，好一番左嗅右闻。继而他又将布角放入嘴中，用舌头细舔。终于，汪宽也双眉紧皱，他果断伸手，按压住了胡管事正要签字的笔，继而把他拉到会客室门外，悄悄耳语道："胡管事，这笔生意不可签约——这些布是从海上运来的，途中碰上了大风浪，船舱进水，布匹让海水打湿过。现在洋商带来的布样，是经过挑选和晾干的，恐怕他们大批量的渍水布匹会更糟糕。"可是胡管事却还在想：以市价四五折吃进这批布，绝对不会吃亏。只要费些工夫翻晒一下，再以五五折出手，祥泰可以稳赚一笔。于是他又与洋商商讨，并打算签字。不料，平日从不干涉胡管事事务的汪宽也此时脸色陡然大变，他伸手将合同书抢过，大声喝止道："胡管事！这笔生意万万做不得！此等唯利是图、见利忘义之事，只会砸了我们祥泰四十多年的牌子！"由于汪宽也坚决拦阻，胡管事最终没敢收进这批洋布，几千银元的赚头，自然鸡飞蛋打没了踪影。两个人的关系弄僵了。

最终，事情让远在休宁的老东家汪厚庄知道了。他觉得汪宽也做得对，胡永坤被迫辞职，由坚守诚信的汪宽也接任管事，全盘打理祥泰布庄。

点评

不顾情面，坚守信用，诚为难能可贵。

——郝延红

诚信贸易"一"字即成

据传清嘉庆年间，祁门县马山村出了一个名为叶端午的秀才，不幸的是，此人怀才不遇，屡试不第，求官求学均告落败，为谋生计，只得改道步入经商之途。他虽为商人，但平日里还是喜欢舞文弄墨，尤其酷爱书法，每日一有空闲就习字不已，竟练出了一手好字，闻名遐迩。据《叶氏宗谱》记载，祁门县东山书院考棚的牌匾，以及祁门县三里街的许多店牌都出自他的手笔。

有一年，他跟同村人叶正宗合伙，勉强凑了些本钱收购了百余担茶叶并运往苏州贩卖。由于人生地不熟，时运不济的他们总是没能在茶市上找到茶叶的销路，眼看原先所带的盘缠将要花光，一日三餐的饭资都将无从着落，他俩急得抓耳挠腮，犹如热锅上的蚂蚁，一时间不知所措，这可如何是好？

有道是天无绝人之路。姑苏城内一家茶行大老板胡福禄意欲挂起取名"一本堂"的这个店名横匾，借以明确昭示经营者们信守诚一立本的为人经商理念，利于打造茶行良好品牌与声誉，为此，他专门礼请好几位书法家出手题写这三个字，结果都因那"一"字写得不如意而心生气恼，眼看原定挂匾吉期将至，他很不甘心，于是放话出去特地悬赏高价求书"一"字。

叶端午听到这个消息后，精神为之振奋，决心一试身手。他特地到杂货店买好一只草鞋，对它经过一番简单加工后来到茶行，恭敬地对胡福禄说道："鄙人只求胡老板准予一试，行与不行，您看过再

"一本堂"牌匾

说。"胡老板接话道："好吧，您就先写个'一'字看看。"叶端午微微一笑，从腰带上抽出一只草鞋道："这就是我的笔。"他要来了一个盆倒好墨汁，再穿好草鞋，抬足伸入墨盆当中，蘸饱墨汁，用尽全身力气，在布条上一脚划将过去，只见一个楷中带草、草中含魏、颇显遒劲流畅的"一"字跃然纸上，在场观者无不拍手叫绝，胡老板更是满心欢喜，当晚设宴致谢，就在全桌人酒意酣畅之际，胡老板兑诺送上重金答谢，未料叶端午却当面谢绝，十分诚恳地直言相告："金银我不要，只求胡老板按照目前的市价把我这百余担茶叶盘下即可。"胡老板当即答应看货验茶，发现茶叶品质极好，立马表示全数收购，并且承诺今后对于叶端午运送来的茶叶免检全收，只要一日不到货，那"一本堂"茶行就一日不开张。

就这样，叶胡二人结为至好，此后数年间，他们都保持着建立在信任基础上的这层茶叶贸易关系，直至叶端午抱病谢世。

点评

信以立志，信以守身，毋忘立信，当必有诚！信以处世，信以待人，为人做事，何患无成？这便是诚信贸易"一"字即成故事留给人们的有益启示。

——郝延红

"信誉单"诚招天下客

《管子》云：诚信者，天下之结也。即是说诚信是取得天下的关键。黄山毛峰创始人谢正安正是靠诚信取得了近代上海滩茶叶市场的一片天下的。

谢正安于清光绪元年（1875）在上海创立"谢裕大茶行"，专营黄山毛峰，从收购到运储再到销售实行一条龙式经营——由屯溪、歙县的琳村茶行分店收购优质茶，经过精加工后，分别运往上海和东北营口销售，这样从一开始就保证了茶叶的高质量。

谢正安急需研制出一种品牌好茶，以便在大上海茶叶市场激烈的竞争中能够抢占一席之地。为此他集多年种、采、制、销茶叶的经验，于光绪元年（1875）清明节前后，带领家人到漕溪充头源选采一些肥大嫩芽叶，经过精心制作，创制成了一种形似雀嘴、汤色清冽、芳香沁人、质量上乘的新品茶叶，由于它"白毫披身，芽尖似峰"，所以取名"毛峰"。这批茶叶运到上海，英国茶商品尝之后，竖起大拇指连声称赞。从此，毛峰迅速扬名申城，并打通外销的渠道，成为名震欧洲的佳品。后来，毛峰制茶工艺传遍整个漕溪及黄山南麓，毛峰也就改名为"黄山毛峰"。

为了保持茶叶的长久新鲜，谢正安对于待销的茶叶进行了特制包装，并在茶箱上附贴谢裕大茶行的三角形"信誉单"，注明茶叶的品名、数量和质量。如发现品名不符、数量短缺，均成批退回，并负责赔偿损失。茶行每成交一批外销茶叶，都通过严格的自检查对，方可办理手续，以保信誉。他发现当时有些茶庄冒充本行偷印"信誉单"销茶而影响其名声的事情后，立即在"信誉单"上增设了印制"和"字记号，声明只有启用"和"字记号的"信誉单"方能成交，并同时聘请上海的三位著名商业律师，以保证茶行利益不受侵害，从而维护茶行声誉。

谢正安从挂秤收茶到光绪后期，苦心经营三十多年，由于奉行"积善存仁"和"谨身节用、持己良图"的人生准则，一生为人正直，而且在商务活动中更是至善至仁，诚招顾客，经营有方。"诚招天下客，誉满谢公楼。"这是上海谢裕大茶行门楼边所挂对联，不仅显示了谢正安的诚意真心，也鲜明揭示了茶行的经营理念。他掌管的茶行在上海设有两个旅社，对于凡来上海该茶行的徽州人均安排吃住，不收分文，有时还给予返回路费。他以如此之"诚"，既带来了茶叶生意的兴隆，又提高了茶行的社会声誉。光绪后期，它已跻身徽州六大茶庄之列。

点评

这个故事印证了一个道理：不信不立，不诚不行。

——郗延红

茶叶大王的经营之道

"未见屯溪面,十里闻茶香。踏进茶号门,神怡忘故乡。"这首歌谣反映了近代以来的屯溪山城已经成为徽州外销绿茶——统称"屯绿"的远销集散地的历史事实,那些经营屯绿的厂家茶号制作成品茶,销售于国内市场的称"本庄",运往通商口岸直接销售给外商的称"洋庄",而歙县岔口人、重质讲信的徽商吴荣寿即是其中的佼佼者,被誉为"徽州茶叶大王"。

吴荣寿11岁时从歙南家乡来到屯溪进入茶号学做茶叶生意,他从为师傅递茶、运茶学起,加上自己刻苦钻研,不断积累着作为一个熟

制茶图

练操作工的生产经验,因而擅长于毛茶的鉴别挑拣和各道制茶工序（包括焓炒、风扇、分筛、簸选、捡剔）的操作,确保了很高的屯绿出茶率和花色品质。那时候,屯绿做色、提香都在焓炒工序中完成,以燃香计时,既是为了掌握焓炒火候,又是给炒工计算工钱的依据。为了使茶色匀一且具有光泽,当时厂家普遍使用蓝靛、滑石粉、腊脂等色料,而用这些色料既有害人体健康,又压抑了茶叶的天然色香味。吴荣寿则明确告诫他的伙计们不得弄假,带头减少或干脆不使用附加色料,为最终革除使用附加香料这一陋习劣法作出了贡献。

清光绪二十七年（1901）,29岁的吴荣寿在致祥钱庄程贡兰的支持下,开始自立门户,在屯溪街隔江相望的南岸阳湖外边溪开办了一家取名"吴怡和"的洋庄茶号。从此以后,吴荣寿更加重视制茶技术和技艺的改进以及屯绿的质量,重金聘请婺源制茶高手汪汉梁担任洋庄总管,熔婺源、歙县两地屯绿制作技术工艺于一炉。他对于自己雇用的工人,还亲自手把手地传授屯绿制作技术,并相对固定地雇用他们,由此形成了洋庄的一些约定俗成的做法,如父母使用过的茶锅、拣板可以传给他的子女使用,称为子孙锅、子孙板,这既保证了工人工作稳定无忧,又说明商家延续有继。他由于经营茶叶既注重质量,又讲信誉,生意越做越大,洋庄茶号也是越开越多,光在阳湖就又设了诸如吴怡春、吴永源、吴美利、华胜、公胜等共计18家,每年雇用长期工人300余人、临时工人700余人。这些洋庄茶号一年内加工销售屯绿数千引（每道茶引可凭证运销茶叶60千克）,这使得吴荣寿成为清末徽州外销茶商巨擘,他由此被公推为休宁县商会首任会长,1912年再被公推为由徽州六邑茶商组织成立的徽州茶务总会首任总理,并且连任30年之久。

点评

作为一位实业家,唯有诚信经营方能业兴功成。

——郝延红

"宁为真白丁，不做假秀才"

文凭是近现代社会中最常见的证书之一，是一个人接受文化教育程度的反映。在素有"出身情结"的我国，庸才因之腾达而尸位素餐、能人因之途穷而被窝要拳者，无论古今，绝非罕见。但是，作为我国近代著名教育家的陶行知，却有过强令儿子退还文凭的故事。

1940年底，陶行知正在重庆，在抗日战争的艰苦岁月中艰难地维持着他创办的育才学校的生存。他的次子、22岁的陶晓光想进成都一家无线电厂工作，但该厂需要学历资格证书，而陶晓光那时没有正规学历。陶行知准备为他出具在"自然学园及晓庄研究所，研究无线电九年"的证明书。"自然学园"并非正规学校，乃是陶行知1931年开展教育普及工作的一个教育组织；"晓庄研究所"是1939年陶行知创办于重庆的一家民间性质的教育研究机构。这样写的证明，与正规学校的学历文凭相比，虽然真实，但颇有"野鸡学校"之嫌。陶晓光便背着父亲，写信给时任育才学校副校长的马侣贤，请他出具了一张晓庄师范的毕业证明书。

1941年1月，陶行知的夫人吴树琴来到重庆，陶行知从夫人那里得知马侣贤动用了他的私人印章为陶晓光出具了证明，非常生气，当晚就发电报给儿子，要求他将证明迅速寄回审核。

过了两三天，陶行知的气逐渐消了，亲自写了一张证明寄给陶晓光。考虑到厂方有可能不承认该"学历"，便叮嘱他找时任西迁的金陵大学教授、我国无线电教育的先驱倪尚达力保。同时在这封措辞严厉的信中告诫儿子"宁为真白丁，不做假秀才""追求真理做真人"，不可丝毫妥协。

陶行知事后又充满深情地安慰儿子：如果这样真实的证明不合用，宁可自己出钱，不拿薪水，帮助国家工作。万一连工作和学习的机会都被取消，也可以回重庆，准备报考金陵大学。最后一条路，他愿筹集专款，帮助儿子建立实验室。总之，"决不向虚伪的社会学习或妥协"！

当清朝大学者颜元年幼时以绝食方式拒绝亲友为他贿买秀才头衔时，他大声喊出"宁为真白丁，不做假秀才"；徽州先贤陶行知又以实际行动续写了相似的篇章。

点评

当下，有些人热衷于学历、年龄、论文、政绩造假。一个人如果丢掉了最基本的"真"，那他的人生又有多少价值呢？

——方光禄

一枚红色印章的重托

一诺千金！在革命老人汪协德的身上就留传有守兑承诺的红色故事。

1934年8月21日，中国共产党人领导的柯村暴动爆发。10月，皖南苏维埃政府在黟县柯村（当时属太平县）柯氏宗祠宣告成立，江西省上饶县湖村人宁春生（即大老宁）任主席。11月，当地曾经担任过皖南苏区下坦区游击队指导员的柯村湖田人汪协德在一次战斗中受伤挂彩被抓到蓝湖，因为没有暴露身份，后来通过交纳赎保金，获得释放，回家养伤。有一天，宁春生主席冒着生命危险去看望他，还自己花钱设法买了一只鸡送给他吃。

12月下旬，方志敏等率领的红军北上抗日先遣队（红十军团）在皖南苏区政府所在地柯村地区进行为期三天的短暂休整，此后随即离开。而接着国民党大兵压境，包括正规军、地方保安团、壮丁队等铺天盖地地围剿过来，在新棚、湖田一带"清剿"，见东西就抢，见房子就烧，见游击队就杀。

处此危急关头，宁春生按照方志敏的指示，具体部署了苏区转为游击区的工作，并且在柯村柯其祥家召集的一次军政会议上要求大家："你们地方游击队同志有家的回家，躲一下，万一躲不住被抓了，也不能泄露机密。"

有一天，宁春生再次来到汪协德家，交给他一枚镌刻有"中国工农红军江边特区司令部"字样的大圆印章，并郑重地交代他："这枚

皖南苏维埃政府旧址柯氏宗祠

印章除了我本人或我的信,任何人不能交。""你一定要保管好,人死了东西也不能暴露。"说完,他还递给汪协德八块银元留作生活费。

  宁春生走后,汪协德就用棕皮和破布把圆印包裹起来,糊上黄泥巴,砌在墙角下。在那段血雨腥风、白色恐怖的岁月里,敌人逼迫全村人都要办理"自首"手续,不登记名字的就要被杀头,汪协德也去照办,而且后来他又一次被反动派抓走,尽管如此,他却始终没有泄露这个秘密。多少年过去了,他一直没有忘怀大老宁的郑重嘱托,坚守着埋藏心底深处的这份承诺,甘冒被杀头的危险,忠信以待,抱着哪怕是一丝丝希望,苦苦等待着大老宁亲自来取这枚红色印章。然而大老宁早已牺牲,老游击队员汪协德最终没能等到托付原主的到来。直到1958年,党和人民政府号召大家献出革命文物,汪协德才从自家墙洞里将那枚印章取出来，交给了上级。此印现存安徽省博物馆，成为柯村暴动的红色见证。

点 评

　　一个赤胆忠心的红军游击队指导员始终爱党，守信兑诺，冒死藏存并妥当保管红军的印章，这样的革命行为怎不令人肃然起敬？

——郝延红

友善篇
YOUSHAN PIAN

徽州故事

导　言

友善，即人与人之间的友好和亲善，衡量着一个公民的道德水准，测试着一个社会的文明程度。

友善是中华民族千秋绵延的传统美德，也是当代社会全体成员待人接物、人际交往的基本准则。我们正在打造一个前所未有的和谐中国，友善便是一个不可或缺的道德规范。

其实，友善是我们内心非常宝贵的精神营养，是我们人类彼此亲近、心灵相通的桥梁。我们所处的这个世界如果缺失了友善，就没有了握手和拥抱，没有了敬礼和微笑，没有了理解和宽容，没有了同情和感动，也就没有了相濡以沫、和衷共济，没有了见义勇为、乐善好施……所有情感的花朵都会枯萎和凋谢，整个人类的心灵世界必然变得无比阴暗和荒凉！

人称"程朱阙里""东南邹鲁"的千年徽州，文化灿烂，古韵悠悠，友善成风，世代传扬。

百善孝为先。孝顺父母，感恩祖先，人之情常，天经地义。从遍地林立的牌坊上，在村落遗存的祠堂里，我们都能感受到徽州孝文化的浓浓之意、殷殷之情。

孝为百善先。孝的源头是仁爱之心，孝的延伸是仁爱之道。孝道仁心扩展开来，便是百善俱行的仁爱社会。自古以来，徽州人一直都是"聚族而居"，尊老爱幼，家庭和睦，宗亲相互关照，邻里友好相处，早已成为温情脉脉、沁人肺腑的乡风民俗。

至于大举公益如捐资修路、筑桥、建亭，大行慈善如致力兴义仓、置义冢、办义学，以及史不绝书、举不胜举的舍财取义、竭诚助人、扶贫济困、救险赈灾……那是徽州先贤弘扬友善精神的大仁大爱，体现着孔子主张和倡导的"仁者爱人"的理想境界。

历史早已告知未来，今人自当无愧后人。愿仁爱友善的和煦春风永驻徽州，愿中华民族的大仁大爱温暖全球！

白鹇如锦寄友情

唐朝隐居黟山（后改黄山）碧山村的胡晖，与诗人李白同为翰林学士，相友善。天宝十三年（754）的一天，胡晖听说李白到了泾县桃花潭村汪伦家，十分高兴。他深知李白好养名禽，心想自己以"家鸡所伏（孵）"，驯养多年的一对白鹇，李白一定喜爱，特去信邀请李白来玩，信中云："白鹇相赠，唯求一诗。"李白收到信后，决定动身前往碧山。

李白告别了汪伦，前往碧山访胡晖，骑马到了碧山村北的车盘岭，往下一望，但见一个群山环抱的山间盆地，"土地平旷，屋舍俨然"，黄山轩辕峰、蜡烛峰矗立于南，白云在山间萦绕，到处莺歌燕舞。李白随口吟出了《访胡公晖》："千重云水万

黄山白鹇

重山，谁识胡公隐此间？饲得珍禽足娱老，白云如海任飞盘。"

　　胡晖在家里听到孩童们说一骑马的客人来拜访他，便知李白来了，急忙前去迎客。他们一路吟诗作对不觉便到了胡晖家的门前，门前半月形的莲蓬池边有两棵古树，两只白鹇鸟正在树上整理羽毛，它们的影子倒映在水面上，李白得知它们性情耿介，就想到自己的性格和际遇，仿佛此鸟即是自己的化身。

　　胡晖将李白请进院内正堂，设家宴进行热情的款待。席间，胡晖跟李白说："这两只白鹇鸟，我从小就训练它们在掌上取食，并给它们取了名字，喊哪只鸟过来哪只鸟则会应声而至……"李白听得目瞪口呆，更加喜欢这两只鸟，想向主人讨要，刚到朋友家一时又难以开口，只好忍着不讨要。

　　为了让李白在这里多待一段时日，胡晖早已为好友修建了"太白庵"。李白住进"太白庵"后，有时叫小童做饭，有时下山到胡晖家吃喝，过着闲云野鹤般的神仙生活。次年十一月，"安史之乱"爆发了。怀有安邦治国之志的李白再也坐不住了，他决意奔赴长安。胡晖早知李白的心意，安排了一桌丰盛的宴席为他饯行。席间，李白把希望用一对白璧换取两只白鹇的话说了出来，胡晖早已将装有那两只白鹇的鸟笼拿了出来，但执意不要他的宝玉。胡晖还叫夫人拿出了黄金白银馈赠于他，当作去京城的盘缠。李白心里实在过意不去，但随即一拍脑门，恍然大悟。"白鹇相赠，唯求一诗"在脑中一闪，随即吩咐书童笔墨侍候，只见他援笔三叫，在宣纸上一气呵成了那首著名的《赠黄山胡公晖求白鹇并序》：

　　闻黄山胡公晖有双白鹇，盖是家鸡所孵，自小驯狎，了无惊猜，以其名呼之皆就掌取食，然此鸟耿介，尤难畜之。予平生酷好，竟莫能致。而胡公辄赠于我，唯求一诗。闻之欣然，适会夙意，因援笔三叫，文不加点以赠之。

　　请以双白璧，买君双白鹇。白鹇白如锦，白雪耻容颜。

照影玉潭里，刷毛琪树间。夜栖寒月静，朝步落花闲。

我愿得此鸟，玩之坐碧山。胡公能辄赠，笼寄野人还。

宴罢，李白整理行装，跃身上马，手扶鸟笼赶往京城，村人把他送过绿柳桥头，而胡晖一直将他送过车盘岭。

点评

胡晖赠诗仙李白双白鹇的佳话传逾千年，他们的纯真友谊白璧无瑕。

——陈平民

百世奉祀盛德之人

唐僖宗广明年间,家居浙江桐庐的颍川陈氏裔人陈禧与儿子陈球为躲避黄巢起义兵乱,沿新安江溯流而上,最后在休宁西境藤溪里落脚,生息繁衍。这个陈禧,西汉佐刘邦定天下的谋士陈平是他先祖;毛泽东批注《后汉书·陈寔传》中提到的东汉太丘长陈寔,是他显祖;南北朝时亡于隋的陈后主陈叔宝,是他八世祖。陈禧终生积德敦义,乡称善人,死后百姓将他当作神灵供奉。

陈禧当年迁居的藤溪里,也就是今天休宁县西境的陈村。他之所以在这里定居,是"爱其溪山之清奇"。唐时,这个地方叫"洪村",后来陈氏子孙繁衍蕃盛,改名"陈村"。迁徙之初,陈禧与儿子在木船上安家,以耕种、捕鱼为生,自称"烟波钓徒",相关史料则说他们"泛宅浮家,托于渔钓"。他将捕获的鱼类等水族资源送给乡邻中鳏寡孤独"四穷"之人,已是寻常事,不算得什么,他主要是身怀医术绝活,擅治疑难病症,平日里找他求诊问药的人不知多少,他都以医者仁心,有求必应,随叫随到,而且分文不取。因为陈禧平常以药救济人,不计报酬,远近请他看病的人,特别是身患疑难病症经他诊治起死回生者,不知道有多少。

据传,北宋仁宗皇帝的母亲得了病,太医都束手无策。太后夜里梦见一个道士给了她两颗药丸,让她吞服。吞服后的第二天,病痛解除了。问道士家在何地,他只言"新安"二字,一再问其姓名,他都没说。于是,仁宗皇帝乃命使者察访至新安,最后察访得是陈禧,遂对陈禧进行了敕封。宋仁宗朝距陈禧迁徙新安,已有数百年,而他以药济人、不问其报的崇高医德和药到病除、妙手回春的精湛医技,仍在世间流传,德艺口碑影响深远。

陈禧去世后葬于休宁县南之鬲山(今属黄山市屯溪区)。元朝硕儒、理学名贤陈定宇先生在《唐鬲山府君庙记》中,回放了陈禧卒后葬鬲山,当地人自发供奉祭祀的盛况,他说:随着时光流逝,年数越久,鬲山附近的乡民在陈禧墓旁自发地"创庙墓,傍尸而祝",把他当作神灵供奉祈祷,凡有水灾和旱灾,都要来祈祷。出现了"东作不祀不敢兴,西府不祀不敢食"的局面,以至于陈氏子孙之祀者"远不如鬲山之民之祀者"。

点 评

　　一个乱世入迁布衣,身后能得到如此尊崇,实在是奇迹。还是《左传》说得好:"盛德者百世祀。"

——陈平民

侠肝义胆胡三公

唐末至后唐同光年间，徽州婺源胡三公大义抚育李唐皇太子的故事感人至深。

唐昭宗天祐元年（904），黄巢起义军叛将、被唐僖宗赐名"朱全忠"的朱温，为了进一步控制朝廷，取代唐室，借故兵逼京畿，要昭宗迁都洛阳。这年正月，在朱温的胁持下，昭宗无奈地起驾迁都洛阳。因洛阳宫殿尚未建成，二月，迁都人马滞留陕川。三月初一，何皇后分娩，生下一个男婴。昭宗皇帝李晔悲喜交织，既为皇幼子出生而喜悦，更为皇幼子的命运而担忧。

同年四月，洛阳宫阙建造完毕，朱温要求起驾，昭宗遣宫人告诉朱温，何皇后新产，身体没有复原不能上路，要到十月才能东行。朱温根本无视昭宗的旨意，仍然派部将寇彦卿催促发车。昭宗皇帝知道已经逃脱不了朱温的魔爪，便与何皇后商量："事已至此，不如将皇子乔装成襁褓中的平民百姓婴儿，携带一些宝玩和御衣，隐藏于民间。有朝一日，再重新认领入宫。"随即，便与何皇后将皇幼子托付于年过花甲的心腹近侍金紫光禄大夫胡清。这胡清，是歙州府婺源县胡村（又名考川、考水）人，时人称为胡三公。

胡三公临危受命，历尽艰险，将皇太子"庇匿以归"，回到婺源考川。同年仲秋，朱温在洛阳指使属下追杀了38岁的昭宗李晔，立傀儡太子李柷为唐哀帝。天祐二年（905）朱温在九曲池畔——缢死了唐昭宗的九个儿子，并抛尸于池中，接着又在积善宫杀了何太后。天

胡昌翼墓

祐四年（907），朱温逼李柷禅位，自己称帝，建立朱氏后梁，结束了289年的李唐王朝。后梁开平二年（908），唐哀帝被朱温用毒酒毒死，宫内诸皇子全部遇难。

胡三公将皇幼子带到考川后，将其改姓胡，取名昌翼，字宏远，号绎思。他自己则从此隐居乡间，精心抚育胡昌翼成长。后唐庄宗同光三年（925），胡昌翼22岁，以《易经》登"明经科"第二名进士（榜眼）。见昌翼已经长大成人，胡三公遂将昌翼的真实身世坦言相告，并且出示当年从宫中带出的御衣和宝玩。昌翼得知自己的身世后，恨生不逢时，失声痛哭，同时感谢胡三公的大义救养之恩。在已经改朝换代的现实下，他义不屈仕，在乡间开设明经书院，传道授业解惑。胡昌翼以"明经科"举进士的第二年，胡三公弃世，享寿84岁。胡昌翼知恩图报，不仅厚葬了胡三公，而且尊胡三公为"明经胡"义祖（自己为始祖），又在《家训》中告诫子孙后代："义祖大于始祖，儿孙不得复宗。"因"明经胡"实由大唐李氏改来，故又称"假胡"。

胡昌翼在学术上颇有建树，他不仅冷眼旁观五代十国间的战乱纷争，而且经历了宋太祖、宋太宗两朝，直至宋真宗咸平二年（999）十月才去世，享寿96岁。墓葬婺源考水村外，千余年来，多次修复，至今完好。

点 评

胡三公深明大义，崇仁为善。

——陈平民

许氏兄弟孝悌传家

南唐末北宋初期,祁门县有两兄弟,名字叫作许逊和许迴。这两兄弟为人极为孝悌,受到世人的赞誉。

许逊对父母很孝敬,对哥哥许遂也非常恭顺,常对妻子说:"你对待嫂子要像对待婆婆一样尊敬。"吃饭时,哥嫂没有动筷子,他绝不先吃。自己的衣服破了,只要哥哥没有更换新衣,他也绝不换新的衣服。

许逊对朋友也很真诚友爱。在汴州时,他认识一位朋友,叫作金惟岳。金惟岳诗词文章在江南都很有名,受到后主李煜的赏识,李煜派他的弟弟到汴州请金惟岳去金陵(今南京)一叙。临行前,金惟岳怕到了金陵以后,有事耽搁回不了汴州,就请许逊照顾自己的家属。果然,金惟岳到了金陵以后,由于战乱一直没有回来。许逊不负朋友所托,细心照料金惟岳一家,他的几个女儿到了婚嫁的年龄,也是许逊代为操办。直到南唐被宋军打败,国家灭亡以后,许逊这才带着金惟岳的家人来到金陵,把他们完好地交还给朋友,使金惟岳非常感动。

许迴与金惟岳也很有交情,早先金惟岳的儿子在战乱中丢失,后来打听到是被淝水巨盗李某掳去,并收为义子。这李某成天打家劫舍,官军对他也没有办法。金惟岳哭着对许迴说:"我老了,眼看离去世不远,只有这一个儿子,现在被强盗抓去,以后恐怕每年为我扫墓的人也没有了。"为了朋友,许迴单身来到李某的水寨,对李某说："你把我朋友的儿子抢来收作你的义子，想来也是以后好为你养老送终。你要将心比心，你有了义子，那他的生身父亲怎么办？以后又有谁去为他养老送终？"李某被许迥的节义所感动，放还了金惟岳的儿子。

许逊、许迥兄弟都曾在南唐为官，在宋军讨伐南唐，攻打金陵时，许逊为光庆殿使，承担守护北城的任务，许迥以先庆殿丞的职务协助许逊守城。战斗进行得异常激烈，弓箭如雨。许逊受了重伤，要许迥回去照顾亲人，自己准备为国捐躯。许迥对哥哥非常敬重，不忍离去，用身体为许逊遮挡弓箭。许逊骂道："忠君孝亲的大义，你有我也有，你怎么能只顾你行大义，让我怎么面对世人？"许迥只好离开。王安石曾说："许迥对待母亲，就像他的哥哥许逊一样孝顺；对待兄长，也像哥哥许逊一样恭敬。这兄弟俩都是慷慨有大志的人。"

在许氏兄弟的身传言教之下，许氏一家孝悌精神代代相传，许逊的儿子许璋、许琦、许琳，许迥的儿子许会，都像他们的先人一样，孝悌传家，被记入《新安志》。

点评

"孝"指子女对父母还报的爱，"悌"指兄弟姊妹之间的友爱，推而及之也包括朋友之间的友爱。孝悌是中华民族传统美德，是做人、做学问的根本。

——翟屯建

浙岭头上堆婆冢

浙岭是休宁与婺源的界山，岭南为休宁，岭北为婺源。岭高1000余米。徽饶古道沿着山势盘亘而上，一阶接一阶，一弯接一弯，要经过十八道弯，才能抵达岭顶。宋人权邦彦有诗云："一抹冷云遮岭半，千重古木满岩隈。山深林合失昏昼，路转溪回迷去来。"

岭上有一座由石块堆出来的高大古墓，人称"堆婆冢"，高6米，占地面积60平方米。说起这堆婆冢，中间有一段感人的故事。

故事发生在五代时期，当时浙岭头树木茂密，人烟稀少，住着一位孤苦伶仃的老婆婆。老婆婆原是岭下虹关村人，丈夫姓方，于是大家都叫她"方婆"。方婆因丈夫死得早，就独自生活。浙岭头有几亩茶园是方家的产业，为了维持生计，方婆便经常到岭头打理茶园。岭头缺水，只有几公里以外有一处泉眼，虽然流量不大，但涓涓细流，常年不绝，永不枯涸。方婆经常到泉眼处取水，用来解渴、浇灌茶园。

这徽饶古道是徽州和饶州往来的必经之路，过客也很多。当他们经过十八道弯的艰辛跋涉，到达岭头时，已经是筋疲力尽，口干舌燥。当看到方婆有水时，便都上前讨一口喝喝。方婆虽然贫穷，却有一副助人为乐的热心肠，每次都是热心提供，毫不吝啬。时间一长，方婆觉得，这山岭头上没个人家，也没有水源，往来山间的行旅、农人、挑夫攀山路十分辛苦，不如搭一个茶棚，为大家提供茶水。于是方婆便在浙岭头搭了个茶棚,常年义务烧茶供水,为行人解渴消乏。日复一日,年复一年,方婆自己茶园采来的茶叶和一桶一桶从山泉处提来的清泉,滋润和温暖了远近百姓的心田。

后来年高的方婆去世了,便葬在岭头。过往行人怀念方婆的恩惠,纷纷给方婆坟头拾石堆冢,以示怀念。日积月累,竟然在浙岭头处堆出了一个高大的坟头。这是百姓对方婆仁爱行善品行的怀念,也

浙岭堆婆冢

是对中华助人为乐传统美德所立的丰碑。

从那时起,"方婆遗风"便在浙岭南北传播开来,乡亲们以做好事行善为荣,徽州古道上每两三公里路便筑一路亭,亭内设缸烧茶,不收分文,有的还挂帘旗,上写"方婆遗风"四字,向世人传播着方婆的精神理念。后人为了使"方婆遗风"永远地传下去,在原方婆茶庵的基础上修建了"万善庵"来弘扬方婆传统。当年浙岭头茶庵内镶嵌的9块石碑,就详细记载着浙岭周边一带民间善士竞相捐资修葺茶

庵的实态。明朝文人许仕叔为方婆高义所感，还专门写有《题浙岭堆婆石诗》，有句云："乃知一饮一滴水，思至久远不可磨。"

点 评

方婆已经去世千年，但她留下的精神却流芳百世，传递的是古徽州人乐于助人、乐善好施的正能量！

——翟屯建

一生友善享誉乡里

王廷美是北宋时期婺源武溪人,一生为人友善,誉满乡里。家族400多口人在一起生活,非常和睦。王廷美作为家族中的长者,经常教育大家讲礼仪、讲礼貌,做人要温文尔雅。吃饭时大家一起入席,如果有人没有到,绝不首先开席。廷美非常节俭,穿的都是粗布衣衫,从不穿绫罗绸缎。除了祭祀时吃一些肉类食物,平时不动荤腥,常常整月都是素食淡饭。

王廷美为人极有善心。北宋大中祥符年间,宋真宗祭祀泰山,大赦天下,减赋十分之二,廷美也为佃农减租十分之二。乾兴元年(1022)宋真宗去世,朝廷颁发诏书要全国为真宗守孝,廷美在乡里大做佛事,吃斋七日。王廷美早年担任乡官,乡里有人拿了一匹非常好的绢布送给他,表示祝贺,他收下了,后来反省自己,感到很后悔,觉得这是一种贪心的表现,于是拿了双倍的绢布送还给那个人。

王廷美还经常在秋冬之际,拿出自己家粮仓里的粮食救济贫穷的乡邻。有人对他说:"你有粮食剩余,还不如等到春季缺少粮食的时候,拿去卖,可以卖个好价钱。"廷美回答:"我家中有余粮,不救济穷人,而留待机会卖高价,看着那些人挨饿,我又怎能安心呢?"

外地商人到乡里来卖香,丢下一个包裹,被廷美捡到,他打开包裹后发现里面有很多金子,便立刻追上商人,将包裹和金子还给他。他让侄子拿绢帛到外县去卖,侄子将卖绢帛而得的数百两银子回来交给廷美,廷美发现这些银子都是假的,二话不说,便将这些假银子丢到山渊了事。乡里有人偷他的鹅，被他抓住，令人意外的是，他并没有报官，而是问偷鹅者做贼的原因。偷鹅者回答："夏至就要到了，我想祭祀祖先，可是家里很穷，没有祭品，偷鹅也是没办法。"廷美说："你虽然很穷，但很有孝心！"于是送他鱼和酒，让他去尽孝心。

还有一次，村里人用物品抵押，向他借了10石麦种。但到了该归还麦种的期限，这个人一直没有露面。后来在路上遇到了这人，这人才说，因为耽误了耕种的日子，颗粒无收，也就没有办法去赎回自己的物品。听了这人的话，廷美不仅归还了他的抵押物品，而且还送给他3石小麦作为救济。

王廷美还非常善良，不忍杀生。家中的耕牛老了，耕不动田，也做不了其他事情，他就终生饲养着，直到牛老死，方才拿去埋葬。村里人都说他是个大善人。子侄和孙子辈谁有了过错，他也从来不怒气冲冲，大声训斥，而是娓娓规劝，用自身和现实的例子，同他们讲道理。大家对他都很佩服。

点 评

王廷美为人友善，不是一时一事，而是一辈子都这样做，这是非常了不起的。

——翟屯建

与人为善的州官查道

查道是北宋时期休宁人，是个孝子。一次，母亲生病，他每次煎好药以后，都要尝尝凉热，并一口一口地喂母亲喝下去，十几天不解衣带，守候在母亲的病榻前。当时正值数九寒冬，母亲想吃鳜鱼羹汤，但买不到鳜鱼，查道便到河边先哭泣祷告河神，然后凿开冰面，得到一条数十厘米长的鳜鱼，于是便给母亲炖了一钵热气腾腾的鱼羹，满足了母亲的愿望。为了让母亲早日恢复健康，他还划开臂膀用臂血书写佛经，祈祷神灵保佑。在查道的精心照顾下，不久，母亲的疾病痊愈了。

后来，查道考中进士。在担任果州（今四川南充市）知州时，有一伙强盗200多人，盘踞在山里架设栅栏抵御官军。校尉们请示查道，要求派兵剿灭，查道说："他们都是老百姓，误入歧途，我去劝他们投降。"于是，他不带任何兵器，只带了几个仆人，辗转穿越于山林沟壑中，径直来到强盗盘踞的地方。强盗们拉满弓箭，严阵以待。查道到后镇定自如，盘腿坐在胡床上，明白地告诉他们朝廷招安的意图。其中有认识查道的人说："这是果州知州，听说很仁慈，这样的人不会害我们。"强盗们随即抛下兵器，罗列跪拜在查道脚下，请求赦免罪过。查道发给他们证明文书，让他们回家当农民。

查道为人淳朴厚道，手下小吏犯有过错，从来没被鞭打责罚过。百姓中有被告发拖欠赋税的，查道替他代缴，不予追究。一次外出巡查，路边有甜枣，仆从摘来几个给查道品尝，查道按照枣的市价将钱挂在枣树上然后离开。查道年少时曾在地上画了一座大宅院，并说："这宅院应该分给孤独无依的人。"查道当官后住在京城，家中仍然贫困，因为亲戚族人中的孤独者大多居住在他的家中，所得俸禄，因散施而随得随完，连留下一丝一毫的心意也没有。查道和人相交，情意恳切，十分周到，对待无家可归、露宿街头的人，更加厚道，大多给以周济。

有一次，查道路过滑州（今河南滑县），前去拜见父亲的朋友吕翁，不料吕翁已经去世，吕家贫穷无钱下葬，吕翁的哥哥准备卖掉自己的女儿来帮助埋葬。查道拿出包袱中所有的钱财给吕翁的哥哥，并为他的女儿选择女婿，另外出资作为嫁妆。有一位故人死了，因家中很穷，打算将自己女儿抵押给人作丫鬟。查道知道后，替这位故人赎回了女儿，并作媒将其嫁给士族人家为妻。同朝官员们都佩服他的操行。

点 评

做人就应该像查道一样，宽厚待人，与人为善，这样人与人就会多一分亲切，社会就会多一分和谐。

——翟屯建

辉映日月的慈孝里坊

位于歙县西乡的棠樾村,是鲍氏聚居的千年古村落。村中的牌坊群共有牌坊7座,其中有座牌坊名为"慈孝里坊"。提起这座牌坊,还有一段鲍氏父子遇盗争死、慈善孝义的感人故事。

南宋德祐二年(1276),元兵南侵,时局动荡,徽州府守将李世达发动了叛乱。歙县西乡北乡群贼盗发,烧杀抢掠,富户皆不能免。棠樾村人鲍宗岩与儿子鲍寿孙为逃躲劫难,匿于村后龙山山谷。鲍宗岩被搜山的士兵捕获,缚于村东一棵松树下,举刀将杀时,鲍寿孙赶到,他哀求道:"天下谁无父母,父母岂可杀?要杀杀我,我愿以死谢毕忠孝。"鲍宗岩则哀求说:"我年已老,仅有此儿,要传香火奉先祀,千万不能杀,要杀杀我。"父子俩争着赴死的慈孝义举,令众士卒生发恻隐,深为动容。突然,风起草丛,声振林谷,乱军以为官兵追来,惊骇逃窜,鲍氏父子逃过这一劫难。

鲍宗岩为处士,孝养父母备至。鲍寿孙生于南宋淳祐十年(1250),乡试中解元第一,遇盗之年27岁。元朝建立后,鲍寿孙先任杭州许村盐场管勾,后相继担任徽州路和宝庆路儒学教授。他笃学力行,曾用薪俸修学舍,建"七贤祠",祭祀程颢、程颐、朱熹、张栻、吕祖谦、陆九渊和周敦颐。致仕后归里,撰《易注》未竟而终,享年60岁,葬沫滩(今妹滩)山胡家庄,元朝文学家歙县人方回为他作记。

鲍寿孙之子鲍鲁卿与元朝名儒歙县郑村人郑玉相友善。为纪念父祖的慈孝事迹，鲍鲁卿曾在棠樾故里建"慈孝堂"，"慈孝堂"匾额为元朝名儒揭傒斯所书。鲍鲁卿之子鲍元康、鲍元康之侄鲍深都是郑玉的弟子，是地方史志有载的著名学者。

鲍氏父子遇盗争死的故事，被后人作为慈孝的典型，载于《宋史·孝义传》。

慈孝里坊

明永乐十八年（1420），棠樾村被追表为"慈孝里"，敕建"慈孝里坊"旌表。石坊为四柱三间三楼式，卷草纹脊，顶楼由四组斗拱承托，边楼各有三组斗拱。下枋上大书"慈孝里"三字。字牌正中为"御制"二字，左右各镌刻永乐皇帝御制诗一首："父遭盗缚迫凶危，生死存亡在一时。有子诣前求代死，此身遂保百年期。""救父由来孝义深，顿令强暴肯回心。鲍家父子全仁孝，留取声名照古今。"

点评

生死攸关，父子争死，这种人间友善，非慈孝至极不能为。鲍氏父子的慈孝之举，虽匪盗亦生发恻隐，为之动容，何况常人哉！

——陈平民

捐地改葬报恩师

元朝黟县渔亭人汪志道、汪存心兄弟改葬恩师倪士毅,是徽州教育史上的一件佳话美谈。

倪士毅,号道川,学者称"道川先生",是元朝理学名贤和教育家。其故里在休宁西境率水河畔的倪干村。同其他课蒙训童的私塾先生一样,倪道川先生精神上虽然富有,但物质生活毕竟贫困。他曾受聘于黟县七都霞阜(渔亭)汪氏之门坐馆讲学23年,最后死于任上。

元朝一度废除科举取士制度,许多有学问的徽州人,都隐居乡间课蒙训童、著书立说,倪道川先生同他的恩师陈定宇,还有同道挚友赵东山,都是这样的人。

那时,黟县七都霞阜有个叫汪泰初的绅士,性好学,喜蓄书。他有两个儿子,一个名志道,一个叫存心。族中待学的子弟还有很多。为培养子弟读书,他不惜重金建造了"遗经楼",贮书3万余卷。他听说休西倪道川先生不仅学富五车,而且人品一流,便于元泰定二年(1325),礼聘倪道川先生带着父母上门坐馆。当时,倪道川先生23岁。

倪道川先生在这里坐馆前后23年。其间,他的恩师、名儒教育家陈定宇先生,好友名儒赵东山先生等,都曾受请入黟讲学。

元至正八年(1348),倪道川之父在黟病逝。倪氏治父丧未终,自己又一病不起,死于课馆任上,享年仅46岁。倪氏有四个儿子尚纲、尚谊、尚德、尚礼,都很有学问,能承家学,但都很穷,父亲死后，丧事均为汪家治理，但倪氏兄弟因家贫无力将亡父灵柩安葬故里。四年之后，他们才扶父亲灵柩归葬倪干（旧名赤丘）。几年后，倪氏后人发现葬地潮湿，想卜地重葬，又苦于贫困而不能。这时，汪泰初先生已不在人世，其子志道、存心得知恩师遗孤苦衷，便合议在黟县捐地，将恩师遗骸改葬，而倪氏遗孤又谦不敢当。事情为此搁了两年。后在黟县县尹周希濂的劝说下，元至正十五年（1355）正月癸酉日，倪道川先生遗骸终于被改葬在黟县南坑佘思坞。改葬之日，倪道川先生的亲属、在徽州的生前好友和弟子都到了。事后，赵东山先生写了一篇著名的《倪仲弘先生士毅改葬志》，记载了事情的原委，介评了倪氏的品行和学术贡献，赞扬了汪氏兄弟的"知义"和周侯的"乐善"。

点 评

汪志道、汪存心改葬恩师，县尹周希濂乐善玉成。他们"知义""乐善"，品格高尚。

——陈平民

耆民担保父母官

明朝初年，休宁乡绅范再等人愿以性命财产，担保受诬下狱的爱民知县周德成，虽是600多年前的事，但至今回味起来感觉还是件新鲜事。

范再为休宁博村林塘范氏始祖范传正18世孙。他早年醉心于四书五经，后弃儒从商，成了活动于陕西、山西、浙江、山东等地的商人。元朝末年，由于时局日益混乱，他回到故乡，穿着丧服等待元朝灭亡。明朝建立后，社会秩序得以恢复，范再积极参与当地公益事业。当务之急是振兴农业，因为元明鼎革之际，遭受兵马蹂躏，大片大片的土地被抛荒。范再与村民勤力耕作，赢得"耕隐"雅名。

周德成担任明朝休宁县首任知县后，与范再等人相友善，相互间结下异乎寻常的友情。周德成为广州雷州松竹镇东井村人，出身于官宦世家。周德成少时，父亲对他管教甚严，"家法崭然，不敢为子弟豪放事，日惟杜门读书"。来休宁任职之初，由于县衙人手紧缺，他独自操劳于倥偬之间，办案迅速，裁剸如流，秉烛视事，勤于政务。他将全县3万余户划分为247里，各设里长，每里一图，户口赋税悉疏其间，徭役三等九甲，周而复始，"吏不敢欺，民从其令"。洪武十九年（1386）又设粮长，"察有害民者，立除之"。他坚持清廉节俭，反对奢侈浪费，他经常挂在嘴边的话是"官无佾用，则民无枉费"。在任期间，无论事情大小，凡有利于民的就极力倡办，凡有损于民的就坚决抵制，坚持"革陋规，厘正法"，最终使"休民富足，家有储地"。他律己甚严,县署办公后堂,有他自己亲自书写的"正己"匾额。

周德成任职期间,坚持廉政勤正,不畏权贵,秉公执法,爱民如子,深受休宁人民的爱戴,但也遭到一些别有用心之人的妒恨,他们捏造事实诬告周德成。一次,县衙门口张贴了一份匿名布告,无中生有地罗织罪名陷害周德成。徽州府的司法机关不分青红皂白,就把周德成逮问治罪。这在当时的休宁乃至整个徽州,都掀起一场轩然大波。德高望重的耆民范再牵头,联系开明绅士朱巽斋、金立民等27人,以自己的性命家产担保,到京城南京保奏。经过复查核实,周德成被无罪释放,官复原职。保奏期间,耆民范再还受到朱洪武皇帝礼遇。

点评

官民以心相感。周德成心中始终装着人民,人民心中自然也装着他。

——陈平民

叶德寿有德自有寿

歙城斗山街那座木质结构的叶氏贞节坊,是明太祖朱元璋于洪武二十四年(1391)诏令,以"江莱甫妻叶氏贞节之门"署名旌表建造的。言及这座牌坊,不得不说说坊主叶氏苦节70余年,养姑育嗣,一生友善,五世同堂,五福克全,寿登百龄的故事。

叶氏名德寿,生于元大德十一年(1307),16岁嫁给歙城斗山街徽商江莱甫为妻。叶氏还没过门,江父就已去世,她过门后,朝夕服侍婆母,十分谨慎,生怕有丝毫闪失,"相其夫,辛勤以立家,克尽妇道"。到江门刚十年,丈夫江莱甫客死他乡。叶氏没有生育,以江莱甫哥哥江呈甫次子江荣过继为嗣,以绍宗祀,但江荣尚在乳哺,抚育费尽心神。嗣子稍长,叶氏便教之以义。春秋祭祀之典,长幼衣食之需,亲宾往来之礼,均由叶氏一手操办,根本用不着婆母烦神,四邻无

叶氏贞节坊

不称她贤能。

元朝末年，徽州兵兴，她带着年老的婆母避乱于山谷中，服劳奉养，没有一点忧戚之色，婆母和一家人安然无恙。元至正十七年（1357），朱元璋兵定徽州之后，她带着婆母回到家中，督促僮孥发展生产，使"土田日广，物产日滋，而家益富"。婆母去世后，她丧祭如礼，四邻之人无不称其贤能。

叶氏受大明朝廷旌表之年，已是85岁高龄。明永乐四年（1406）离世时，正好享寿百龄。大明一朝，她经历洪武、建文、永乐3代皇帝；儿孙亲见4代，有嗣子1人，孙男孙女各2人，曾孙3人，曾孙女4人，玄孙11人，玄孙女6人。她寿登百龄，五世同堂，五福克全，这在人世间是很少见的。

叶氏死后，葬歙北新州清平里，祔于其夫江莱甫之墓。葬后14年，其长曾孙江顺孙特地去北京请一个叫胡颐庵的名流作了一篇《节妇叶氏墓志铭》，该文后被程敏政收入《新安文献志》。本文依据该墓志铭撰写，完全真实。有人根据民间传说编写了《叶桂英夜吊饭莱救皇帝》，称"叶桂英"就是歙县斗山街徽商江莱甫的遗孀，说她当年曾夜吊饭莱救驾吴王朱元璋，朱元璋当了皇帝后想"纳她为妃"，叶氏三思后难以从命，于是拜别公婆，毅然跳楼自尽，朱元璋因之旌表，准予建坊。此为艺术加工后的民间传说，虽有传奇色彩，但不是历史的真实。

点评

古人云："仁者寿，德者寿。"叶氏名德寿，有德自有寿，寿登百龄。

——陈平民

友善为人的程氏父子

明朝初年绩溪人程平,出身于书香门第,自幼就成了孤儿。他秉性温厚恭恕,与世无争。他有个儿子叫程寔,也刚直尚义。这对父子一生诚信友善待人,至死不违信义。

程平与里人张德良为总角交,相友善。张德良为贩卖私盐触犯了法律,案件牵涉百余人,甚至涉嫌程平。办案御史廉某对程平说:"你把事情推给别人,自己可得幸免。"程平说:"我出身于世代读书人家,不义之事不敢做,我被别人诬陷已经很不幸,如果还去诬陷无辜之人,那岂不是欺天?我宁可自己待罪,也不能诬陷他人。"廉御史深为他的话所惊异。

不久,程平与徽州休宁县人朱仲杰一道被发配延安。朱仲杰是个"不以道相遇"的悍戾之人。时值盛暑,他们同在驿道旁树下憩息,朱仲杰对程平说:"德正,你看守好行囊,我前去打听一下店家。"说完,他竟独自去找酒家了,长时间不回来。不一会儿暴雨不止,暴发的山洪冲走他们行囊,程平自救无暇。朱仲杰回来后,酒气熏人,骂骂咧咧,要程平赔偿行囊。程平没有同他计较,如数赔偿。到延安后,仍然同他相处。过不多久,朱仲杰卧病不起,自知不久于人世,遂将行囊和所有财物托于监管他们的梅百户,并留下遗言:"必得等我儿子来,方能交给他。"不久,朱仲杰死了,梅百户也调守他郡。朱仲杰死后,程平不计前嫌,为其备棺下葬。有人说:"他对你那么无情刻薄,你还对他这么好?"程平说:"那是他自己缺德。我们同是徽州老乡，同患难而来，他死于异乡，我不安葬他，谁安葬他。"闻者莫不叹服。

朱仲杰的儿子朱德生，奉母之命省觐父亲，行至开封，听说父亲已死，囊箧已被调离他处的梅百户带走，于是便中途返回。到家后，他告诉母亲，"我已买了地，将亡父葬于城东"，并将手中的几件衣物给母亲看，"这就是父亲的遗物"。

事过三年，到了洪武十三年（1380），程平之子程寔到延安省亲，遵父命，历尽千辛万苦，将朱仲杰灵柩运回绩溪老家，并信告朱德生，要他来绩溪运回亡父灵柩。朱德生收到信后，不仅不来绩溪运回亡父灵柩，而且连信都不回，人也不露面。6年之后，程平从延安回到绩溪，得知朱氏灵柩还厝殡后园，便嗔怪儿子道："从延安到这里，路程几千里，这么远都运回来了。而绩溪到休宁不过百余里，岂可九仞之山而亏一篑之功？"后得知是朱仲杰儿子朱德生欺骗了母亲，不敢来运灵柩，于是便命孙子程通将朱氏灵柩送到休宁朱家。

程寔有个族弟叫程以忠，由河南永宁县令调任广州潮州程乡县知县。洪武十八年（1385），程以忠儿子程泰乙年纪小，身体又虚弱，程寔便陪同他一道去看望父亲，中途听说程以忠坐事系狱，程泰乙心想返回家乡而不再前行，程寔严厉斥责泰乙说："你父亲坐事系狱，你身为儿子正应当捐生赴救，怎么可以放手不管，中途返回？你于心何忍？"于是，他们又继续前行。程寔后来死于途中，年仅51岁。洪武二十年（1387）冬，其子程通冒着风雪严寒，将父亲灵柩运回故里安葬。

点评

程平、程寔父子志存忠信，与人为善，助人为乐，至死不违信义。

——陈平民

鲍灿孝行传子孙

明成化、弘治年间,歙县棠樾人鲍灿未能考得功名,便弃儒经商继承祖业,他非常讲究孝道,是远近闻名的大孝子。

棠樾存爱堂

他在河南洛阳经商,逢年过节,都要早早地把当地最好吃的特产食品寄回家给父母吃,如果包裹没有寄到家,他绝不自己先尝;父母生辰之日,他都要作诗怀念,他曾写过这样一首诗:"堂上双亲逢诞日,天涯游子阻归程。庭帷应有欢声洽,客舍翻多感慨生。戏采未济兄弟乐，开筵犹想友朋情。痴儿欲致千秋祝，写就新诗听雁声。"

母亲70岁时，双脚患上毒疮。鲍灿得知后，放下生意不做，千里迢迢，赶回家中，亲自侍候母亲，端茶递浆，熬药送汤，昼夜不离，和衣而睡。可是，母亲的病仍然不能痊愈。鲍灿忧心忡忡，焦急万分，成天焚香祷告。有个郎中告诉他，用嘴将毒疮脓血吮吸干净，伤口才能痊愈。他听说后，毫不犹豫，双膝跪地，用嘴吮吸母亲脚上毒疮伤口的脓血，再吐到痰盂中。果然，不到十天，伤口愈合，母亲的双脚神奇般地好了！乡亲们都说是他的"孝行"感动了苍天。

明太祖朱元璋第五个儿子朱橚听说了这件事，便写了"存爱"二字送给鲍灿，棠樾鲍氏宗祠有"存爱堂"，便源于此。御史唐希恺用"诚孝"为鲍灿的房子取名，即"诚孝堂"。编修刘安成为鲍灿的孝行作记。

鲍灿之子鲍光祖曾官监察御史，继承孝义家风，父亲生病，他"弥月不解带"。

嘉靖年间，鲍灿孙子鲍象贤在朝廷先后官兵部右侍郎和南京兵部左侍郎，屡建战功。隆庆三年（1569），鲍象贤死后，隆庆皇帝朱载垕恩准荣封三代。

鲍灿因子孙贵，被追封兵部右侍郎，嘉靖十三年（1534）立坊旌表。该石坊建于棠樾，为四柱三间三楼式，质朴厚重，字牌镌刻"旌表孝行赠兵部右侍郎鲍灿"。

因隆庆皇帝恩准，天启二年（1622），棠樾始建旌表鲍灿孙子鲍象贤的"忠字坊"。牌坊两面镌刻的"命涣丝纶"和"官联台斗"八字，源于隆庆皇帝《特赠工部尚书鲍象贤诰命》，表彰他在云南平定叛乱和抗击倭寇中的功勋。

点评

慈为孝之沃土，孝因慈而回报。以慈传爱立家，以孝修身立命。

——陈平民

为人正直显真情

自古以来，奸佞小人往往陷害忠良，而正直的人决不会这样做。当年，指挥东南沿海军民抗击倭寇，最终平定祸乱、巩固东南海疆的兵部尚书绩溪人胡宗宪媾祸下狱后，居心叵测之人曾唆使胡宗宪的一位徽州老乡——经商浙江的婺源人李贤，抓住机会状告胡宗宪，可却遭到李贤的严词拒绝。

李贤，徽州婺源人，生于明弘治十五年（1502），比胡宗宪年长10岁，晚10年离世。他初习举子业，后弃儒从贾，协助父亲经商。他自号愚溪，但并不是真正的愚，而是大智若愚。父亲去世时，遗产以数万计，他铢两不与诸弟计较，据有关史料记载，李贤"平生胸次脱略宏伟，不为局促鄙琐之态，一日得千金无喜色，一日挥千金无吝容。乐与贤大夫亲"。

嘉靖三十三年（1554）四月，胡宗宪受命出任浙江巡抚御使，从此开始了他的平倭大业。当时，李贤正在苏州经商，很想认识名气已如雷贯耳的徽州老乡胡宗宪。一天，李贤聘用的管事经理禀告于他："今天，一个四十开外操绩溪口音的徽州老乡，因有急用而手头不凑巧，在本店借贷了一百两银子，他说他是胡梅林，还留下了字据。"李贤听后大喜，心想："还真有缘哩，正想认识老乡胡梅林，他自己找上门了。"殊不知，这次来告贷之人虽然是绩溪人氏，但并不是真正的胡梅林，而是胡梅林宗族子弟假冒其名来告贷的。

事隔不久，李贤终于有机会与真正的胡宗宪相遇了，双方都有相识恨晚之感。胡宗宪主动告诉李贤："曾有人假胡梅林之名到你店铺借贷百两银子，那不是别人，正是我的一个子弟，我已催促他来还贷。我管教不严，尚请老乡海涵。"李贤听后，非常感动，但根本没把这件事记在心上。

胡宗宪领导抗倭斗争期间先后于嘉靖三十七年（1558）、三十八年（1559）、三十九年（1560）、四十一年（1562）、四十四年（1565）五次遭奸佞诬陷，受弹劾下狱。第四次遭弹劾时，有人唆使李贤状告胡宗宪巡按两浙之日曾"敲诈钱财"，李贤一听，非常恼火，气不打一处出，正色严词予以拒绝："胡公忠贯天日，功在国家，我恨不能为他辩诬，怎么能乘其之危而落井下石呢！"唆使他状告的人感到灰溜溜，只好悻悻离去。

李贤家国情怀深厚，身在商场，心忧天下。他还曾奏请清除镇江沿河祸害商民的恶棍之徒，建议在苏州上下设牙行，以繁荣商品流通，增加国家课税。

点评

李贤善恶分明，忠奸分明，这是人间真正的友善。官场上那些大奸似忠之辈，与他不可相提并论。

——陈平民

双寿承恩见仁善

"双寿承恩"是一座牌坊的名称,这座牌坊坐落在歙县许村村头,建于明隆庆年间。牌坊额梁上,雕刻有"双寿承恩"四个大字,苍劲有力,非常抢眼。牌坊建于隆庆三年(1569),是专门为纪念村人许世积夫妻二人百岁高寿而建造的。"双寿"指的是这对夫妻"双双"越过"百岁"寿龄,而"承恩"则指的是祝寿牌坊的建造"承"蒙皇帝的"恩"准。在中国牌坊中,这是唯一一座为老夫妻百岁祝寿而建造的祝寿牌坊。

许世积夫妻之所以能够双双活到如此高龄,同他俩平生待人友善有很大的关系。

许世积是个商人,早年在苏州经营典当业。有一年年荒,寄寓苏州的同乡许琯,当时正准备科举考试,由于贫困,很是分心。许世积知道以后,每月都资助他,劝慰他认真读书。许琯因此专心读书,果然考取了进士,后来还当上了福建兴化府知府。

许世积曾经与另一位商人一起合伙做粮食生意,一年下来,赚了不少钱。照说,第一年赚了钱,第二年还会继续做下去,但许世积却不愿意再合伙做了。什么原因?原来是与他合伙的那位商人只顾赚钱,不讲商业道德,大斗进小斗出,损害顾客的利益。许世积说:"出入不同量,这种赚钱办法,即使能发大财也不是我的心愿。"他在芜湖也开有典当铺,利息只有二分。有一位急需用钱的客户,愿意以更高的利息向他典当借钱。许世积却说:"你放心,急需用钱,我会借给你,满足你的要求,但利息只要二分,绝不会加息。"

在家乡,同族中有一位不肖子孙,偷偷典当了家中的田地,其父不知道,因此责怪许世积,许世积当即归还了当契,并不要回典出去的钱。后来这位父亲由于家贫,没有办法,又要当田,许世积又按原来典当价给了他。

许村双寿承恩坊

更有甚者,一个欠了他债的人,反而诬告他,打起官司来。官府审理查得实情,还了许世积清白,令那人以欠债的双倍归还。许世积觉得对方家中贫苦,不再追欠债,作了义让。而许世积的夫人宋氏则在打官司时,还私下给告状人家里粮食,帮助解决他们家的饥饿问题。许世积开玩笑地说他妻子:"你怎么帮助诬告我的仇家啊?"宋氏则答:"他家丈夫不好,不能因此连累他的家人,他们家里人挨饿,你总不能眼睁睁地看着不管吧。"许世积听了很欣慰,说:"还是我的妻子懂我。"

另外,许世积夫妇还做了很多义行善事,如修路、建亭、筑桥、建宗祠、修族谱、立乡约、兴义仓等,受到乡人的敬仰。当许世积夫妻双双迈过百岁寿龄的时候,人们纷纷建议立坊祝寿,并很快获得皇帝的恩准,钦赐建双寿承恩石坊,这年许世积103岁,宋氏101岁。

点评

  双寿承恩坊是对两个长寿老人的纪念,更是徽州乃至中华民族友善、尊老美德的纪念牌。

——瞿屯建

不屈邪恶护忠良

明天启年间,魏忠贤阉党柄国专政,滥杀"东林党"人等大批忠良,是从逮杀休宁人汪文言拉开序幕的。汪文言家住休宁车田,出身贫寒,自幼而孤,早年在县衙门做过不起眼的小吏,但头脑灵活,慷慨大方,"雅负奇气,好结交当世名士"。

天启元年(1621),他抓住"舍选"的机遇,捐资得"监生"入京,得大学士叶向高推荐被授中书舍人。从此,与明廷中的"东林党"人意气相投,尤受知于名臣杨涟、左光斗诸公,以至于天启皇帝身边的近侍太监王安对他也刮目相看。当时,魏忠贤与天启皇帝乳母客氏正相互勾结,柄国专政,遍结党羽,陷害异己,无恶不作。魏忠贤对杨涟、左光斗等深有影响的"东林党"人本来就恨得咬牙切齿,千方百计地网罗罪名欲加以迫害,而汪文言却受知于杨、左,因此,他便遭到目不识丁的魏忠贤嫉恨,他们首先拿汪文言开刀。

天启皇帝朱由校是明朝最无能的一任君主,他在位的七年,是中国封建君主统治史上最腐败黑暗的一个时期。天启元年(1621)九月,东宫伴读太监被魏忠贤杀害,顺天府丞邵辅忠、御史梁梦环受阉党嗾使,弹劾汪文言,并逮其下狱。因当时"东林党"人尚有势力,汪文言在狱中并没吃多大苦头,几经折腾,最终被释放了。他出狱后,锐气不减,韩爌、赵南星、杨涟、左光斗、魏大中等公卿更是与他交情甚厚。天启四年(1624)六月初一,左副都御史杨涟上疏弹劾魏忠贤二十四大罪,天启皇帝虽然置之不理,而"权珰警怖累日"。

杨涟疏劾魏忠贤，左佥都御史左光斗也参与其事，事后又弹劾魏忠贤三十二斩罪。天启五年（1625）五月，魏忠贤死党大理丞徐大元弹劾杨涟、左光斗"党同伐异，招权纳贿"，魏忠贤假造圣旨将杨涟、左光斗等逮捕下狱，他们在狱中受尽五毒残害，于同年七月死于狱中。

杨涟、左光斗下狱之前，被列入"东林党"名单的辽东经略熊廷弼因辽东、广宁相继沦陷而于天启二年（1622）被逮下狱，中书舍人汪文言四处奔走营救。杨、左下狱之后，魏忠贤再次矫旨将汪文言下狱，目的是诱逼汪文言制造假口供，坐赃杨涟、左光斗、魏大中、周朝瑞、袁化中、顾大章等"六君子"接受了熊廷弼的贿赂，从而将他们置于死地。汪文言在狱中受尽毒刑，宁死不肯诬陷忠良。魏忠贤打手许显纯诱供汪文言坐赃杨、左等人时，汪文言仰天大呼曰："世岂有贪赃杨大洪哉！"他至死不承认。天启五年（1625）四月，汪文言遭拷掠死于狱中，享年54岁。

点评

  汪文言出身卑微，雅负奇气，在关键时刻，他坚守人生底线，没有屈服于邪恶，没有出卖朋友与正义。

——陈平民

程子谦两建镇海桥

镇海桥位于三江口，即新安江、率水、横江交汇处，跨立在横江口上，东西贯穿屯溪老街与黎阳，旧时为进出屯溪的门户。

明朝中叶，屯溪、黎阳两地的商业已经相当繁荣，但是由于横江相隔，来往仅靠渡船和临时搭建的木桥，满足不了行人和运输的需要。嘉靖十五年（1536），在屯溪西郊的隆阜村人戴时亮的倡议下，各方筹资，修了一座石桥，这便是屯溪桥。

这座桥经过140年的风雨侵蚀，清康熙十五年（1676）因洪水冲击而轰然坍塌。屯溪东郊率口人程子谦，是一位太学生，以孝行受到乡里人的称赞，家中富有，轻财乐善，遇有地方公益之事，诸如建祠堂、办文会、修石堤等，都乐于输捐。他见屯溪桥坍塌，毅然决定自己一人拿钱重建。由于这座桥规模宏大，用材考究，工程艰巨，花了两年的时间才建成，工程费用共计670万贯钱。不料，康熙三十四年（1695）四月，又暴发了特大洪水，休宁县城墙被冲毁数十米，屯溪石桥再次被洪水冲垮。这时，程子谦仍然健在，得知桥被大水冲毁之后，深为自责地说："桥这么不牢固，是我的过错。"

第二年秋天，他再次独资重建屯溪桥。这次重建，程子谦更加注重工程的质量。请来著名工匠，将大桥的主体设计为6墩7孔，宽6米，高10米，长133米。由于桥体较高，桥两头的地面低于桥面，于是又从两端延伸出各15米的引桥。拱脚、拱圈均用褐红麻条石交错砌筑，桥面、桥栏以茶园石铺设，桥栏纵向条石两头凿阴阳榫，互为衔接；上下连接处凿蝴蝶形卯样，又用铁梢卡锁，形成整体。石料以糯米稀、猕猴桃藤汁加灰浆胶结，加强石料之间的牢固程度。尤其是桥墩上游砌成三角形，墩顶端分水石尖翘起，有效错开洪水时上游冲来的漂浮物，以免一些大型漂浮物被卡在桥墩上，减少洪水的冲击力度，有效保证石桥的安全。从上游看，这6个桥墩像6把利剑，四五百年来劈开了多少狂涛恶浪。从桥面向下看，每一个桥墩分水石尖翘起，宛然龟尾，让人充满想象。

屯溪镇海桥

可惜的是，工程没有完工，程子谦就因病去世。他的儿子程岳，继承父志，加大对工程建设的投资力度，多次提高建桥成本，确保工程质量。为了禁止有人在桥墩周围打鱼危害桥墩安全，还在中间桥洞上端镌刻了"禁止取鱼"四个楷字。在桥两端建有飞檐五脊虎殿顶建筑，在桥上建廊亭，供过客停留歇息。桥东临街处建高大拱门，上悬"镇海桥"三字金匾。屯溪远离大海，为什么要将此桥取名为"镇海"呢？据说是海潮只能到达三江口，而"山蛟"（山洪）与海怪一旦在此会面，桥就要被冲毁。取名"镇海桥"，就是含有镇压海怪和山蛟的意思。

在程子谦父子两代人的努力下建成的镇海桥，坚如磐石，历经四五百年的岁月洗刷、洪水冲击，至今仍然屹立在屯溪三江口。

点评

程子谦两建屯溪桥，他的儿子又能继承父志，保证高质量完成建桥任务。如果人人都有以济世助人为己任的理念，何愁国家不兴！

——翟屯建

真孝传世建牌坊

在歙县棠樾牌坊群中,有一座牌坊的坊额上镌有"天鉴精诚""人钦真孝"八个大字,向世人叙述着一个孝子天鉴人钦的感人故事。

鲍逢昌孝子坊

故事的主人公名叫鲍逢昌,是棠樾村的村民。鲍逢昌出生不久,他的父亲便外出经商。然而时值明末战乱,久无音讯。孤儿期盼着父亲,寡母期盼着丈夫,日子一天天过去。转眼间到了清顺治三年(1646),鲍逢昌已经长成为一个14岁的少年了。一天,他告诉母亲,想出去寻找离家多年一直没有消息的父亲。母亲看着年纪尚幼的孩子，根本不放心让他孤身出门。然而，每当他看见母亲倚门翘盼父亲的辛酸神情，决意要外出寻父。母亲几番劝说，儿子都不改主意，母亲也只好同意了他的要求。

鲍逢昌离家以后，顺着新安江先到杭州，沿街凡有徽州人开的店铺都细细打听，然而一无所获。于是北上镇江、扬州、济南、太原……过长江、淮河、黄河，一路上，风餐露宿，脚步一直没有停下。盘缠没有了，便一路行乞，晚上就睡在荒郊古庙或街边的屋檐下。就这样，经过三年的艰苦跋涉和寻找，老天也被感动了。一天，当他在山西雁门古寺落脚歇息时，遇到一位在这里打杂的老者。同样的乡音，引起了他的关注，或许父子心灵间的相通，聊起各自的往事，终于确认，这就是自己的父亲，两人抱头大哭。此时，他的父亲虽然只有40来岁，由于饱受风霜，看上去已是一位憔悴的老人。而鲍逢昌衣衫褴褛，蓬头垢面，也不像一个才17岁的少年。

原来鲍逢昌的父亲外出谋生，到过许多地方，没有找到适合的营生，屡次失利使他心灰意冷，于是产生了出世的念头，打算在雁门古寺度过余生，至于家中的妻儿，他也顾不得了。在儿子千里乞讨寻父和妻子倚门期盼的精神感召下，终于和儿子一同返回家乡。

然而，屋漏偏逢连夜雨，当父子俩回到家里时，母亲因挂念父子两人，已经卧病在床。为了给母亲治病，鲍逢昌到处请医访药，但是母亲的病始终没有起色。后来听说治母亲的病需要一味乳香来做药引子，才能治好。于是只身一人进入深山老林，攀岩过涧，终于采得乳香归来。虽然有了乳香作药引子，母亲的病情得以好转，但总是不能痊愈。鲍逢昌于是想到古代有割股疗亲的事，便毅然割下大腿上的肉，熬汤给母亲服用，没过多久，母亲的病竟然痊愈了。

人们非常钦佩鲍逢昌的孝心，都说鲍逢昌万里寻父，割股疗母的孝心，感动了苍天，苍天鉴于他的精诚之心，才使他如愿以偿。100

多年后，经乡里推荐，府、县衙门将他的事迹呈报朝廷，于乾隆三十九年（1774）奉旨建立牌坊予以旌表，表彰鲍逢昌的"真孝"。不过，直到20多年后的嘉庆二年（1797）牌坊才建成。

点评

父母给了我们生命，恩比天高，孝敬父母，天经地义。鲍逢昌以他的"真孝"，获得立坊旌表的荣耀，也是社会对他孝敬父母行为的认可。

——翟屯建

古溪仰氏二孝子

唐贞观年间，兵部尚书仰元凤后人仰敬来歙州任教授，定居歙县古溪。这个"古溪"即歙城北1.5公里许的仰村。歙县仰氏历代"淳厚多长者"，志善、素凝父子就是清朝著名的大孝子，受到朝廷旌表，徽州府曾为他们建过孝子坊。

仰志善11岁时，母亲卧病在床，他侍汤奉药，昼夜不息，两月不解衣带，又祈祷于神，愿以自身代母病。不久，母亲的病竟痊愈了。康熙十三年（1674），三藩叛乱，盗贼蠢起，时局动荡，经商湖北的父亲十年音信全无，家人焦急万分。志善身挂父亲画像，历经闽、粤、滇、黔诸省，不远万里，寻找父亲，备尝艰辛。一次，夜过荒山野岭，遇到一只咆哮的巨虎，他将寻父的窘况哀告，巨虎竟没伤害他，越路而去。后在贵州玉屏县一家旅馆中寻得父亲。归途中，父亲的背脊发疽，因仓促而不及延医，志善用嘴去吮吸疮疽，脓水淋漓自口出，伤口方渐渐愈合。归后，孝养二亲，尽其所欢，使他们均享大年以终。

仰素凝的孝顺也本乎天性。少幼时，每每念及父亲万里寻亲之苦，遂为饮泣。父亲害眼疾，医药无效，他坚持以舌舐吮，使父亲的双目渐渐复明。父亲患咳嗽，一咳嗽即需饮水，他终夜寐不离侧，间闻即起。家居房屋窄陋，行将倒塌。一次，雷雨交加，他赶紧背着父亲离开，人刚离开，房子就倒塌了。乾隆九年（1744），歙县遭遇百年不遇洪灾，他家房舍被冲毁，连父亲的寿棺也被洪水冲走了。他哀号踯躅，沿着泥淖跣行寻棺，发誓"棺不获，不生还"，最终在钱塘江畔找获，买舟载归。仰氏祠堂在这次洪灾中被冲毁，灾后他与父亲捐资重建，并捐献田地出租，将租息作为祭祀先祖之用。父亲死后，安葬于歙县古关。其地素有山魈当祟，素凝在此庐墓三年，不仅终无所扰，而且时有白燕一对翔集庐前，乡人无不惊异。

徽籍著名学者胡培翚曾坐馆于仰氏后人之家，道光二十年（1840）春作《仰氏二孝子传》。孝子后人编印过《济美图》，居官廉正的大学士潘世恩、曾任户部尚书歙县人吴椿等名流，曾为《济美图》题名、题词。

点评

《孝经》曰："夫孝，天之经也，地之义也。"笃行孝顺孝敬，天经地义。

——陈平民

躲债伸援手

清乾隆初年的大年三十,商业都会扬州,家家张灯结彩,准备过年。商贾之家,更是准备了山珍海味,添置花鼓龙灯,穿着鲜艳的衣服,体现出奢侈之风。然而徽州盐商程扬宗,因负债太多,这天躲进了运司鼓楼避债。徽州有个习俗,年内必须还清欠债,如果躲过了年三十,过年期间债主不可以再上门讨债,来年欠债也可以慢慢还。

黑夜降临,万家灯火,远远传来饮酒欢歌之声,程扬宗颇觉寂寞无聊。将至夜半,忽然听到楼梯处传来声响,程扬宗抬头一看,原来是同乡吴绍浣,这吴绍浣也是一位盐商。程扬宗不觉一惊,问道:"你怎么这个时候来到这里?"吴绍浣见程扬宗这个时候不在家守岁,还在运司鼓楼,也觉得诧异,便也相问:"你为什么也在这里啊?"程扬宗叹着气说:"今年运气不好,经营不景气,欠人家白银4万两,没有办法应付,只好来此躲债。你老兄本钱厚实,难道也来躲债不成?"吴绍浣回答道:"我今年经营也不利,欠债10万两。如今手头仅有5万两,给这家则漏了那家,反而得罪人,没有办法,只得躲一躲,以待明年经营赢利以后再还。"程扬宗说:"很好,很好,有你陪我一起守岁,我也就不寂寞了。"吴绍浣回答道:"你可不必在此,我有白银5万两在家里,自己用来还债不够,帮助你则有余,你何不借去,尽可回家料理。"随即写了银票给程扬宗,程扬宗接过银票便飞奔回家。过了一会儿,程扬宗又回到运司鼓楼,并带来了美酒佳肴。他对吴绍浣说:"我已将银票交给伙计料理,这下可以安心陪伴你守岁了。"两人大笑，相对而饮，甚为欢欣。

程扬宗是个很有头脑的商人，善于经营，当年是因为遇上风浪导致翻船，以致亏本欠债。由于吴绍浣的接济，程扬宗的厂才不致停业倒闭，第二年经过努力经营，业务日益兴旺。吴绍浣新年过后，也重整旗鼓，业务也颇为兴盛。两人在新的一年里，不仅还清了旧账，而且还发了大财。程、吴二人大年三十运司鼓楼躲债之事，也在同行间传为佳话。

点 评

过年期间不讨债，体现了古徽州人际关系友善的一面。而吴绍浣患难之时，还不忘记帮助他人，更是人心善良的表现。

——翟屯建

九日行庵文宴图

行庵位于扬州城北天宁寺旁，占地3000余平方米，环境非常清幽，古藤老树掩映着曲廊高榭，古树林木掩荫轩庭楼宇。这便是徽商马曰琯、马曰璐兄弟在城外的一座园林别墅，马氏弟兄不仅是商人，还是文学家和美食家，所以隔三岔五便兴致盎然地邀客把盏、吟诗作画、畅饮言欢。为此，经常聚会的文友还成立了吟社，先后主持了"秋堂菊宴""五君咏""招大恒、具如两师茶话"等文宴。

清乾隆八年（1743）九月初九，时当重阳，风和日丽，天气爽朗，正是好友聚会的大好时机。于是马氏兄弟邀请吟社的成员全祖望、厉鹗、闵华、张四科、程梦星、陈章、王藻、胡期恒、唐建中、方士庶、汪玉枢、陆钟辉、洪振珂，来行庵举行诗会雅集。可惜全祖望在杭州有事，没能参加这次盛会。洪振珂因病也没有参加。会场中间悬挂着著名画家仇英白描的陶渊明画像，以菊花数枝、白酒数盏作为供奉。诗会以唐朝杜牧的《九日齐山登高》中"人世难逢开口笑，菊花须插满头归"的句子为主题。"人生不如意事常七八"，面对盛开的金色菊花，尽兴一醉，方不辜负这浓洌的秋色，这正是马氏兄弟邀大家来的本意。诗人们不辜负主人的期盼，分韵赋诗，大家你一首，我一首，一面咏唱，一面把酒。在诗人细腻的笔端，陶渊明投身田园、杜牧放怀山水之情景得以再现，诗人们思接古今、物我两忘，达到诗意上的融通，表现出较高的人生境界和审美趣味。

文宴过后一个月,善于绘人物像的吴中名画家叶震初来到扬州,受到马氏兄弟的接待。谈起重阳文宴的盛况,马氏兄弟的情绪,仍然沉浸在当日对酒当歌、忘情吟唱的氛围里。于是请叶震初绘下这日文宴雅集各位诗人的音容笑貌,由方士庶补画场景,此画题名为《九日行庵文宴图》。这时全祖望病好了,也来到了扬州,马曰琯觉得全祖望既是著名的学者,又是很有成就的文学家,《九日行庵文宴图》中不能没有全祖望,于是又请叶震初将全祖望的画像补了进去。而洪振珂是吟社的一员,也不能漏,《九日行庵文宴图》将洪振珂的画像也补绘了进来。画装潢好以后,诗坛大家厉鹗作了一篇《九日行庵文宴图记》,记述这次文宴雅集的全过程。全祖望也作了一篇《九日行庵文宴图序》附在厉鹗的《九日行庵文宴图记》后面,讲述了自己和洪振珂补入《九日行庵文宴图》的经过。

《九日行庵文宴图》(局部)

《九日行庵文宴图》现藏于美国克里夫兰艺术博物馆。在叶震初笔下，与会诗人的神态栩栩如生，方士庶补画的亭台蕉竹等场景，更是再现了当时的盛况。

点评

　　广交友、善交友，对于提高一个人的文化品位非常重要。徽商之所以被称为"儒商"，同他们不逐铜臭、资助文化、广交文人有一定的关系。

——翟屯建

久病更见真孝道

崔时四是清乾隆年间太平县（今黄山区）人，自幼丧母。后来父亲也得了痿症，肢体筋脉迟缓，软弱无力，不能随意运动，日久而致肌肉萎缩，肢体瘫痪。生活的重担，落在了时四一人身上。

家里本来就很穷，为了维持家庭生活，时四只能晚上在家里编织一些手工艺品，白天拿到集市上去卖，以赡养自己的父亲。可是父亲瘫痪，生活不能自理，自己又不能整天陪侍在父亲的身边，这可使时四犯了难。

但为了生活也没有好的办法，只好每天很早就起床，下厨烧好早饭和中午的饭菜，然后到父亲的床前，向父亲请安，为父亲穿戴好，将父亲背起来安顿在桌子旁坐好，为他梳洗，伺候他吃好早饭。将中午的饭菜放在桌上，让父亲随手就能够拿到。为了使父亲一整天坐在那里不至于无聊，还准备了一些纸牌、棋子，供父亲娱乐。然后自己再吃饭，准备货担，出门做生意。卖完货后，拿着赚来的钱，到集市上买些酒菜，急匆匆赶回家准备晚饭。吃好晚饭，又为父亲脱衣梳洗，整理床铺，安排就寝。等一切都安顿好以后，自己才可以闲下来，编织第二天的手工艺品。日复一日，年复一年，就这样，崔时四侍奉父亲一直有30多年。

有一天早上，为父亲安排好一切，门外经常和自己一起摆摊的伙伴在叫他，催促他快点上路，他急急忙忙就出了门，走了一半路，突然想起来，忘记将父亲的便器放在座位边上，万一父亲便急如何是好，于是又气喘吁吁地赶回家。还有一次，天在下雨，父亲怕他在路上淋雨，叫他早点上路。匆忙间，他忘记为父亲准备好象棋、围棋等娱乐工具，又急忙赶回家安置。父亲对他说："这些都是无关紧要的事，你何必如此辛辛苦苦地赶回来。"时四说："您时间坐久了，必然会觉得疲倦，有一些娱乐的玩具，会让您觉得轻松一些。"父亲听了，老泪纵横，感慨万分地说："儿啊，真是苦了你了！"

邻居们对崔时四的孝心，都感到由衷钦佩。他的堂兄崔映秀向族里的耆老提议，往县里呈报崔时四的事迹，请予旌表。时四知道以后，跪在地上，痛哭流涕地向耆老们请求："我自幼丧母，使我失去对母亲侍养尽孝的机会，父亲瘫痪在床，好在没有其他的病，我朝夕侍奉，是分内事，怎么能图名声？岂不是增加我的罪孽！"

知道的人都说崔时四是一个真正的孝子，他的孝亲美德被广为传颂。嘉庆十年（1805），县里编修《太平县志》，崔时四的孝亲事迹被收入志书，传诸后世。

点评

俗语说，久病床前无孝子，其实是说长期照顾一个病人的艰辛。崔时四孝养父亲，30多年如一日，而且巨细无遗，周到备至，的确不容易。

——翟屯建

口碑不没惠人名

无锡蓉湖是古运河的一部分，因河面宽阔似湖，故而得名。蓉湖上有一座铁桥，横跨古运河，沟通黄埠墩段运河两岸的交通，显得气势非凡。这也是无锡历史上的第一座铁桥，人称"吴桥"。为什么会叫"吴桥"呢？这中间有一个脍炙人口的故事。

过去，这段古运河并没有桥，行人要是想去惠山对岸，都必须用渡船摆渡才能过河。清末民国初期，黟县商人吴子敬在上海经营丝业，他看中无锡盛产蚕茧，于是在古运河南岸开办了一家源康丝厂。

无锡吴桥

1915年，吴子敬在春季蚕讯基本结束以后，抽空雇画舫邀请亲朋好友和无锡名流邑绅，畅游蓉湖，湖上还有"龙舟竞渡"等传统活动。正当他们兴致勃勃、笙歌弦乐之时，天气骤变，竟将正在行进中的渡船吹翻，船夫和两名乘客全部落水，幸得三人都略懂水性而未丧生，吴子敬见状不胜感叹，随口询问："为什么不在此处建一座桥呢？"友人回答："建桥的工程浩大，经费难以筹措。"吴子敬当即表示，愿意捐建此桥。众人当时也没有将吴子敬的话当成一回事，认为他只不过是说说而已。不料吴子敬返沪后，立即与上海求新铁厂接洽，嘱咐按照上海外白渡桥式样建造钢筋桁架结构的公路桥。

上海求新钢铁厂承接了这一任务，便派工程师和技术人员到无锡现场实地勘测，后经过多方论证设计，大桥被确定为三节连环结构，桥长约80米、宽约7米，两岸桥基用水泥青砖建筑，壁间嵌纪念碑两块，全部工程费用（包括运费）32324银元。使用期限为100年。同年10月13日，吴子敬与厂方签订合同，先交厂方10000银元，农历十二月再交10000银元，其余竣工后结清，6个月建好大桥。

次年6月，建桥工程奠基后动工，由于战事频发，钢材价格飞涨，材料运输经常受阻，影响了施工进度。求新铁厂经济上也遇到了困难，恳求吴子敬提前支付尾款。吴子敬于是筹款于9月底全部交清。求新铁厂劳资双方都被吴子敬热心公益事业的精神所感动，日夜赶工。吴子敬因事来无锡，必到现场察看。

不料就在这期间，吴子敬竟染病不起，于1916年11月29日在上海逝世，终年42岁。噩耗传到无锡，凡是知道吴子敬独资建桥的人，莫不表示哀悼，甚至痛哭失声。当年大桥建成时，群众为纪念吴子敬的功绩，将大桥取名为"吴桥"。事后人们在桥柱上书刻挽联，感情荡气回肠，联曰："虹影落金山，亿从前估客耕夫，官塘苦唤斜阳渡；秋风冷铁柱，知此后星移物换，口碑不没惠人名。"

点评

无锡人民把吴子敬捐建的桥命名为"吴桥"，让其事迹千古流传，体现了为社会做好事必然会得到社会的尊重。

——翟屯建

黄杏仙行善办女校

"曹大家为汉学修卒，宣文君设绛帐授徒。"这是民国初期曾任黟县县长的程运启为黄杏仙撰写的一副对联，将黄杏仙比作历史上杰出的女教育家班昭和宋氏。班昭是汉朝历史学家班固的妹妹，曾被召入宫中为皇后、贵人授课，因嫁给曹世叔，世人称为"曹大家"。前秦韦逞母亲宋氏，家中世代业儒，很有学问，君主苻坚便命宋氏在家里设立讲堂，隔着绛帐授课，世人便称宋氏为"宣文君"。黄杏仙之所以被誉为班昭和宋氏，是因为她创办了徽州历史上第一所女子学校——私立崇德女子初等小学堂。

黄杏仙是黟县黄村人，大家闺秀。从小随父就读于江西景德镇，受近代教育思想的影响，20岁那年出嫁西递村胡大衍为妻。胡大衍是西递富商胡学梓的玄孙，家中非常富有，西递惇仁堂便是当年黄杏仙的居所。嫁入胡家以后，不愁吃，不愁穿，整天无所事事，觉得很是无聊，便想为村里做些事情。想到自己曾受近代教育的熏陶，对教育比较熟悉。尤其徽州历来教育发达，但还没有一所专门为女孩子设立的学校，于是决定办一所女子学校。

以黄杏仙公婆家在西递的财力和威望，办一所学堂自然没问题。但单独办女学堂，把女孩子集中在一起读书，是否有违礼教，开始也遭到一些守旧者的反对。而且黄杏仙也只是一个20来岁的女子，能否担当得了教师的责任，也值得怀疑。在质疑和怀疑的氛围下，黄杏仙并不气馁，一家一家做工作，提出新时代女子必然会走出家庭，走向社会，寻找自己的理想，这是时代的潮流。西递村本来就有浓厚的读书氛围，接触和接受新时代思想也比较前卫，清光绪二十一年（1895）康有为"公车上书"的1000多名签名者中，安徽有8名举人，其中黟县西递胡氏就占3人。所以在黄杏仙的努力下，光绪三十二年（1906），私立崇德女子初等小学堂正式开学。

开始，学堂招收学生20余人，由黄杏仙一人执教，不分班级，以学生年龄、实际水平来区别授课内容。所授教材除了《女孝经》《列女传》《女子尺牍》外，还教珠算、书法、花鸟画以及刺绣、毛织、草编等工艺。黄杏仙教学非常认真，大胆改革一般私塾的教学方法，摒弃死读硬背，授课以讲解为主，又能做到理论结合实际，学生受益匪浅。黄杏仙还将学生练习时所做的缝绣品，拿到集市上去出售，所得款除用作教学开支外，对家庭经济困难的学生实行免费教育。由于黄杏仙在教学上取得的成就，使她名声远播，在学堂鼎盛时期，附近几个县都有女孩子前来就读。后来课程相应改为国文、算术、图画、女工等，以国文、女工为主，提倡学用结合，并办有小苎麻厂，组织学生边学习、边实践，以提高手工技能。

1916年，女校改名为第二区私立第一女子学校，就读女生增加到45人，鼎盛时，就读女生有80余人，仍由黄杏仙一人执教。

点评

"善行莫大于兴教"，黄杏仙创办私立崇德女子初等小学堂，深得社会人士的赞誉，惇仁堂至今挂着黄杏仙照片，受人敬仰。

——翟屯建

"我的朋友胡适之"

在现代文化大家圈内,胡适的人缘极好,很多人都以"我的朋友胡适之"自豪,除了学问、人品之外,胡适对需要帮助的人,不论有没有向他求助,只要他知道了,能帮则会尽量施以援手,所以大家都愿意同胡适交朋友。

1917年,出自章太炎、刘师培门下的刘文典赴北大任教。当时北大强手如云,同仁们对他有些看不起。刘文典决定校勘古奥难懂的《淮南子》,以期奠定学术地位。但校勘古籍要耐得住寂寞,而且也没有经济收入,他便请胡适帮忙。胡适欣然伸出援手,助其渡过难关。《淮南子集解》付梓之际,胡适又为其作序,为之宣传。如此重情义之人,令刘文典深为感激,曾写信给胡适:"你是弟所最敬爱的朋友,弟的学业上深受你的益处。近年薄有虚名,也全是出于你的'说项',拙作的出版,更是你极力帮忙、极力奖进

胡适与他的朋友合影,左起蒋梦麟、蔡元培、胡适、李大钊

的结果。"

1919年，林语堂获得了一次留学美国的机会，想把即将新婚的夫人廖翠凤一同带去，但经济上遇到困难。胡适知道后，以北大的名义告诉林语堂，愿每月资助他40美元，只是有个条件，毕业回来以后到北大任教。胡适帮助林语堂的事，不为世人所知，直到胡适逝世后，林语堂来胡适墓地献花才道出此事。

1947年，胡适在北大当校长，季羡林也在北大任教，季羡林经常去看望陈寅恪，看到陈寅恪在冬天竟然没钱生火炉，很是难过，就把情况汇报给了胡适。胡适知道后，立即决定由北大捐赠一笔数目很大的钱给陈寅恪，以帮助他渡过难关。但陈寅恪说什么也不肯平白无故地接受这笔钱，后来实在推辞不过，便提出要用自己的一部分藏书作为交换，自己才肯收，没办法，胡适只好派人到陈寅恪家中拉了一车书，但陈寅恪只象征性地收了2000元钱，多一点也不肯收。因为有了这笔钱，陈寅恪家中总算生起了一个小炉子，度过了寒冷的冬天。

学者陈之藩年轻时，没钱去美国留学，常以助人为乐的胡适得知后，送给他一张400美元的支票。后来陈之藩将钱还给胡适，还写了信表示感谢。胡适收信随即回复："谢谢你的来信和支票，其实你不应该这样急于还此400美元。我借出去的钱，从来不盼望收回。因为我知道借出去的钱总是'一本万利'，永远有利息在人间。"陈之藩后来在回忆录中写道："我每读此信，并不落泪，而是自己想洗个澡，我感觉自己污浊，因为我从来没有过这样澄明的见解与这样广阔的心胸。"

点评

真诚帮助别人，是获得朋友信任的最好渠道。大家都以"我的朋友胡适之"感到自豪，正体现了胡适的人格魅力。

——翟屯建